1950'S BABY BOOM

1

After the war, many Americans retreated to the suburbs to enjoy the stability and the new consumer economy.

```
H J X T N B G L C K N W M X B R S
X Q M B L D B O K O X T N Y I B T
L C T A X G M N I Q R N B T R Z A
H Z V J R F C T O P A T O I T J B
C M Y E O R A H D I W E O L H T I
I L S R T L I Y T S T S M I R C L
H G T I U E Y A E M S A E T A H I
P P G P M R R I G N O E R R T A T
A Q O R K I T A R E P R S E E N Y
R P C N O F T Y N M S C C F N G N
G X Z M I W R P I S C N K F T E Y
O M C F K E T L O N L I M C M Y G
M Z R M V Y L H E C O N O M Y V Q
E C V O O I R N E W L Y W E D S G
D Q C U O K P M O O B Y B A B R L
V E T N L M K S U O L U B A F D H
R H S Z H N D P R O S P E R I T Y
```

POSTWAR	BABY BOOM	BIRTH RATE	FIFTIES
RECOVERY	OPTIMISM	MILLIONS	GROWTH
ECONOMY	DEMOGRAPHIC	FABULOUS	CHANGE
VETERANS	POPULATION	INCREASE	FERTILITY
BOOMERS	PROSPERITY	NEWLYWEDS	YOUTH
COMFORT	MARRIAGES	GENERATION	STABILITY

1950'S SUBURBS

2 Levittown, the first modern suburb, went from a potato field to a community of 82,000 people in less than a decade.

```
M M N U C L E A R F A M I L Y L Y
K G M M T N S S A L C E L D D I M
H N W S O K P I C K E T F E N C E
S P G Y T D A F F O R D A B L E T
D P Y G D N E L Y T S H C N A R P
O L T N Y N E R S U B U R B I A A
O C I I T R N D N P Q R L L L O U
H O C S H W U G I B I L L E E U T
R M A U N I H T P S Y F M I V T O
O M P O T O G I N S E L D S I S M
B U A H M D H H D E J R K U T K O
H T C E Y S B L W C C Z N R T I B
G I S T R L E N G A V D C E O R I
I N J E T I W N L F Y D I Z W T L
E G N P F X G K G M R S L M N S E
N W G N I V I L L U F E C A E P R
O A M E R I C A N D R E A M N K Y
```

HOUSING	MIDDLE CLASS	AUTOMOBILE	LEVITTOWN
FIELDS	PEACEFUL LIVING	COMMUTING	CAPACITY
G I BILL	MID CENTURY	OWNERSHIP	SUBURBIA
MODERN	NEIGHBORHOODS	RANCH STYLE	RESIDENTS
LEISURE	NUCLEAR FAMILY	AFFORDABLE	OUTSKIRTS
HOMES	AMERICAN DREAM	PICKET FENCE	HIGHWAYS

1950'S TELEVISION

3 Television became a major part of American culture in the 1950s, as many families gathered to watch shows together.

```
C M L F A M I L Y F R I E N D L Y
G H K E R U T L U C P O P L K B R
T N E M N I A T R E T N E P C N R
K B S C A B I N E T V A R I E T Y
J L T Q R G S X M X T O J D T K C
D A E V R C N L C N G V T T S X X
E C S H E I R Q A R E P S M V M D
G K V L P S E S A I J T O H N R E
A N T R A S T M T D C C W E O V N
N W Y R I A S B R N T R D O I W N
E H X N R L E P Y I E O E S R A S
D I O N S C W H S Y O V N M N K D
L T B W E J Y I T W N E E T M F S
O E B Y K W D L G N P Z E E Z O T
G M F Y N X S C H X K N L Q V T C
S A M A R D L O E L N Q G F T I H
T S A C D A O R B A R M N G N Q L
```

CLASSIC
SITCOMS
VARIETY
TV SHOWS
PHILCO
ANTENNA

ENTERTAINMENT
FAMILY FRIENDLY
COMMERCIALS
GOLDEN AGE
BLACK N WHITE
BOXY TV SETS

EXPENSIVE
NETWORKS
PROGRAMS
BROADCAST
LIVE EVENTS
POP CULTURE

WOODEN
CABINET
NEWS
DRAMAS
REPAIRS
WESTERNS

1950'S FASHION

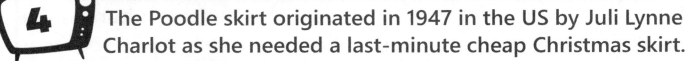

4 The Poodle skirt originated in 1947 in the US by Juli Lynne Charlot as she needed a last-minute cheap Christmas skirt.

```
Z C C A P R I P A N T S M M J Y Y
P G A B D N A H K Y R S P R K R S
T S Z P L K B W M E E S G B T E A
R E J Q E J F C W O E S Z R T D I
I L C W Q S B O H V S T C O R I L
K D J D D E L S R S S O A O I O O
S R D R L F E A N P E D R C K R R
E I T T R L C A B T R A D H S B S
L G S I D S E E A L D K I E L M T
D K A D D J R O R F G L G S I E Y
O H A A E E C J K S N O A Y C J L
O S E U T I F L E N I P N T N G E
P H L S T Q V V C K W Q S X E N J
R B X T Q K O V J B S Z R R P M T
L Z E R D L F D X J M A H G N I G
M P D J G F N S T I L E T T O S V
F U R C O A T S R M C S L R A E P
```

SWING DRESS	PETTICOAT	CAPRI PANTS	PEARLS
SADDLE SHOES	HANDBAG	POLKA DOTS	CAPES
STILETTOS	GINGHAM	BROOCHES	BELTS
POODLE SKIRT	CARDIGANS	EMBROIDERY	GLOVES
HEADSCARVES	BLUE JEANS	HAIR FLOWER	GIRDLES
SAILOR STYLE	FUR COATS	PENCIL SKIRT	BERETS

1950'S SODA SHOPS

5

Soda shops were cheerful and nostalgic, with jukeboxes playing music and teenagers gathering to socialize.

```
Y R H K S G N I R O V A L F N R M
Y S V S O D A J E R K S W X X I F
M Y M I L K S H A K E T R R V C S
L A Y K E Y T L S C F L W J J E O
S D R W L N D N G P K A B F X C C
O Y N S B T K R N R O M G O Q R I
D P E N R G C D I S F H B J Y E A
A P O A A T P I R N W E S L T A L
F A N C M J F O S U K B P A D M H
O H L K R B L N G U G S M G D Z U
U R I S H R S H J K M S L K N O B
N D G L A O A S C O U N T E R V S
T M H P D N H C B Y N M K O Q Y L
A Y T A G T K L K X W Y V L R T N
I V S O O P Q K S R E G A N E E T
N M U O E R E H P S O M T A C C W
L T B M D S L O O T S R A B X H K
```

MALTS
BOOTHS
COUNTER
DRINKS
SNACKS
SODAS

FLAVORINGS
SODA SHOPS
HAPPY DAYS
JUKEBOXES
MILKSHAKE
DRUGSTORE

SODA FOUNTAIN
ATMOSPHERE
BAR STOOLS
NEON LIGHTS
SOCIAL HUB
SODA JERKS

TEENAGERS
HANGOUT
MUSIC
MARBLE
PARLORS
ICE CREAM

1950'S RECIPES

6 Casseroles were a popular dish in the 1950s, as they were easy to prepare and could be made in advance.

```
E N L I P W O L I V E L O A F T Y
O V F D K D J C N S M K Q E Z C C
J W H S Q A A E L M S T I R R M H
Y P E Y G N M L L E Z P P E K B I
P A V T A G A U L L N Q A F S B F
P R L P S B E O R A O M Y L T Z F
O G E A W F R D I C Y S V Q R L O
L S L O K E E I E D I K A L O P N
S X N H S I A E I L N Z R L G U C
M S T S Y W N P B Y I N G Q A D A
V L A M A Q K G C T Z V M L N D K
D C T H P M P N T L Z F E Z O I E
T A K S A L A D E K A B O D F N R
A M B R O S I A G M R M L N F G G
L E K A C E G D U F T T D X D S V
X M E A T L O A F K E H L I L U M
M W A L S E L O C W T P M N P Z E
```

TETRAZZINI	CHIFFON CAKE	AMBROSIA	CANAPES
SNOWBALLS	FUDGE CAKE	BEEF STEW	FONDUE
OLIVE LOAF	BAKED ALASKA	PUDDINGS	CLAM DIP
JELLO SALAD	HAWAIIAN PIE	CASSEROLES	RUMAKI
STROGANOFF	DEVILED EGGS	COLESLAW	GRAVY
CREAMY DIP	SLOPPY JOE	A LA KING	MEATLOAF

1950'S CORONATION

On June 2, 1953, hundreds of millions tune in on their TVs and radios to follow the coronation of Queen Elizabeth II.

```
H V F M R M A H G N I K C U B Z H
K S R N E Y X M R B R F L D N K C
Y Y I D T H P L Z E T R N E L L A
L M T I S C N R I C C J E N Z X O
J B U G N R T G T R R U Q O G B C
Y O A N I A N B O F Q V Z I Y A N
Z L L I M N N W Q W T H I T G N E
J S S T T O N O E P L I X A N Q D
A R R A S M L N I K H B L N L U L
N C E R E M O N Y T R M V O F E O
O Q T I W Y B L E O A L R R O T G
I T P E L V N B A R T R M O K R T
N T E S D O A D M Y J H B C T V B
T J C Q D Z C P T R O H R E L T R
I L S N I A W C P Q L R T O L D G
N G O L S N B E N G L A N D N E V
G L E T T I V E G R O E G L T E C
```

MONARCHY

NEW QUEEN

CEREMONY

THRONE

ANOINTING

BROADCAST

BUCKINGHAM

CELEBRATION

CORONATION

DIGNITARIES

GOLDEN COACH

WESTMINSTER

ELIZABETH II

ENGLAND

ORB

CROWN

GEORGE VI

LONDON

BANQUET

REIGN

RITUALS

ROYAL

SCEPTER

SYMBOLS

1950'S COLD WAR

8 the space Race began with the Soviet Union launching the first vehicle to orbit the Earth, the satellite Sputnik 1 in 1957.

```
D B M O B H H F V M N V N G J N M
S E T A T S D E T I N U V L M I C
E K T M P R P R O X Y W A R S A L
C K C B E R L I N W A L L J R T N
N C A M S P A C E R A C E H T R U
A H P S R I V H M G C V D G L U C
I U W F O A S C C O X K W O G C L
L R A S B V W I M Z T N T B R N E
L C S M U J I M R R M A K M N O A
A H R B J E U E A C N P Z T P R R
W I A C R N Z W T N N S T T W I W
H L W P I L N C M U T A N J D P E
Z L G S Z A K G R A N E B F R F A
B Q M M E T X R L I R I I U G M P
P C K R G T L I D W S K O V C P O
V J O N Z T N M R R J I X N P F N
M K R K Y Y Z K N N M X S M K M S
```

ALLIANCES	H BOMB	SOVIET UNION
NATO	CUBAN CRISIS	SPACE RACE
BERLIN WALL	IRON CURTAIN	STALIN
SUEZ CRISIS	KOREAN WAR	UNITED STATES
CHURCHILL	NUCLEAR WEAPONS	VIETNAM WAR
COMMUNISM	PROXY WARS	WARSAW PACT

1950'S CONSUMERISM

9 In 1950, 36.3% of all advertising dollars were spent on newspapers, 11.7% on radio, and only 3.3% on television.

```
K V R O I V A H E B R E Y U B Y L
E N S T C R R Q M A R K E T I N G
R M L C D A L M B R E L N R B N P
C H O T I T P R J C F K H C L O M
G S P C B N A I N D X J K J C I S
N Y E T N N O E T G E V Q D O T H
I F D L D I U R M A M M F N N C O
S P T I B L E A T S L Y A M F U P
I N N L F A S L I C T I Z N I D P
T G Z F T S R R B K E B S B D O I
R Y A Y M D E U X A K L Y M E R N
E J M E V M K T D N S R E K N P G
V H D B U M J N R M Y O K L C S M
D I N S H H M K Q L F K P H E S A
A J N C R E D I T C A R D S R A L
T O A D V A N C E M E N T S I M L
C B M O O B Y M O N O C E K P D S
```

ADVERTISING

CONSUMERISM

MARKETING

CAPITALISM

CONFIDENCE

MASS MEDIA

BUYER BEHAVIOR

DISPOSABLE INCOME

MASS PRODUCTION

ECONOMY BOOM

SHOPPING MALLS

ADVANCEMENTS

AFFLUENCE

DEMAND

CREDIT CARDS

DURABLES

ELECTRONICS

BRANDING

1950'S DINER CULTURE

10

Retro aesthetics defined 1950s diners charm, featuring vibrant neon signs, checkerboard floors, and chrome accents.

```
K J S R O O L F D E R E K C E H C
A L L D A Y B R E A K F A S T Y M
D C C H R O M E A C C E N T S R A
I S R E N I D O R T E R S U Y S L
S H T O O B L Y N I V H N N T T T
P N E O N S I G N S O V T E I N S
O M L A V K T T E R D U P M N I H
S K V N M L T C T X O J K Y U O O
A Q L L T E I O S G R R R T M J P
B L M P R R R B N R X L J F M R K
L Q L Q P D Q I D T E L N I O E R
E G T W E F G T C M B T Q N C G M
I P O R M N Y N J A T Z S N X R R
T L M K A B R C X R N C X O R U B
E B D H L F B T X Y T A G Y P B Z
M L J C O U N T E R S E R V I C E
S L A I C E P S E T A L P E U L B
```

NIFTY MENU	BLUE PLATE SPECIAL	HANGING OUT
LOW PRICES	ALL DAY BREAKFAST	POSTERS
NEON SIGNS	CHROME ACCENTS	COMMUNITY
AMERICANA	COUNTER SERVICE	VINYL BOOTHS
MALT SHOP	CHECKERED FLOORS	RETRO DINERS
SHORT ORDER	DISPOSABLE ITEMS	BURGER JOINTS

1950'S HOME

In the '50s, suburbs were very affordable to Americans due to mass production. The median home price was $7354.

```
B Q Y M G R Q M W L E S C T J L L
T R O F M O C F N E F M J G J L D
S P M A L W Q S Q I A C O R R O K
H N M F N L E H T L L M M R O B M
T Z I N R L H O Q M A Y E W H Y L
O V D A I B M K M U K R Y S S C S
L T I T T C K O K E K L O C K T R
C A L N I R P R N L P N A L N U E
E B J M Y E U B F O R N Z A F P P
L S O G N L H C W N D V R T B H A
B T L P I V C P M I X B S T D O P
A R L M F N A H N L I M K S Y L L
T A G O M S G A A V M M S A B S L
N C K D T H V H L I G V A F Z T A
W T L E J I J V A Q R N M O H E W
T J L R A H R J V M D S A S N R Q
Q S M N G N I L E N A P D N N Y Z
```

LINOLEUM	FLORAL	ABSTRACT	MODERN
PLYWOOD	WALLPAPERS	LAMPS	COMFORT
GINGHAM	ATOMIC MOTIFS	CURTAINS	CHROME
UPHOLSTERY	VINYL CHAIRS	VIBRANT	SOFAS
PASTELS	TABLECLOTHS	OPEN PLAN	TILES
PANELING	SCANDINAVIAN	EAMES	DAMASKS

1950'S AUTOMANIA

The rise of the suburbs made car ownership a necessity and cars became a symbol of the American Dream.

```
L B K N K L G V D G X W D R H S H
E D N N J P I R T D A O R F N I C
S L E D O M C I N O C I D I G H N
G D Y K L L R L D T P O E H R M O
C A R T M X R D N X R V W O O C G
X A S E S V L K P T I A M D P R A
T K R G L T M G O R Y E E T I U W
A W E C U B N H D S T E V N H I N
I V K C U Z I E N L R N V B S S O
L D A L M L Z T I F M G F W R I I
F M M D M B T L R N D M X H E N T
I C O B W R C U E E E G N D L B A
N M T Q Z R L J R R V V M T A Q T
S Q U J D V Y Y P E S N N W E T S
L N A Z B L Y M G T L J O O D H D
B Q H E V I T I T E P M O C C G G
Q M G L M N P Y T I L I B O M J D
```

AUTOMAKERS
FREEDOM
CAR CULTURE
TAILFINS
CHROME
COMPETITIVE

CONVENIENT STYLE
CONVERTIBLE
DEALERSHIP
STATION WAGON
ICONIC MODELS
DRIVE INS

GAS GUZZLERS
CRUISIN
HIGHWAYS
HOT ROD
MOBILITY
ROAD TRIP

1950'S SLANG

1950s slang was a key element in the new youth culture.
No more being seen but not heard!

```
H D F M D E L C R I C Z F T P M L
I R R D E E L B E S O N R R H D V
P D P E Z T M T R R N F N B T V R
S L O C A L K Y G L F G K W A F Z
T H T N R M X B V V K G M B T D D
E F P N E K B H R T N F K A A D A
R M I G T K Y O O Z A W E L N S S
M Y L R I L T L A Q V W G T B R H
R D F E B G L M L T S N J U E P T
C N B A E E N N D O F W R P Z I S
T U B S L L P E N A D N E S L P D
B O V E K O K A S V R E P O H V A
R P X R N C T T G U P L O N O R E
E M R N A V K H B N I C Z T T R R
A M L T L Y N B G T I R D M R Q H
D T S K P Y E R Z I C O G V O Q T
B C J L Q R K N L Q R F G G D T N
```

POUND	GOINGAPE	HOTROD	GREASER
COOLIT	ANKLE BITER	SPLIT	BADA
BASH	BURN RUBBER	RIGHT O	CIRCLED
BREAD	NO SWEAT	THREADS	DOLLY
FAST	NOSEBLEED	PEEPERS	HIPSTER
WAZOO	DREAMBOAT	FLIP TOP	STACKED

1950'S POLITICAL FIGURES

On September 12, 1953, Jacqueline Bouvier weds Senator John Fitzgerald Kennedy in Newport, Rhode Island.

```
S H E R M A N A D A M S L N V N H
V C L L X X L L W W R N Y R N O U
E E D N L T K B M G E A N U O S B
H S L S H T T E Z E W M D B X N E
C T E T L R T N M R O U O Y I E R
S E I I K D J B Z A H R N A N V T
U S F V L L R A M L N T J R D E H
R K S A X Z Z R W D E Y O M R T U
H E N J B M W K F F S R H A A S M
K F A B N Q P L N O I R N S H I P
A A M O W B K E D R E A S N C A H
T U E C M F T Y P D R H O T I L R
I V K A D L B T G L M F N L R D E
K E I J S E L L U D F N H O J A Y
I R M B A R R Y G O L D W A T E R
N E S K R I D T T E R E V E H M G
T R B J O H N F K E N N E D Y X Z
```

EISENHOWER

JOHN F KENNEDY

ESTES KEFAUVER

JOHN F DULLES

MIKE MANSFIELD

SHERMAN ADAMS

LYNDON JOHNSON

EVERETT DIRKSEN

ADLAI STEVENSON

HUBERT HUMPHREY

BARRY GOLDWATER

NIKITA KHRUSCHEV

RICHARD NIXON

ALBEN BARKLEY

SAM RAYBURN

GERALD FORD

HARRY TRUMAN

JACOB JAVITS

1950'S SPACE RACE

The US Congress formally created NASA on July 29, 1958.
Only 11 years before the US would land on the moon!

```
Z K G X K N N Z T N V M R G T V F
D R E H P E H S K O K E K F N T M
Q R D E N C B P S I X T A L X U Z
Y G M O C K O T N P A R R N Y N G
T U F R D A O S L R C N O Y R I T
N B R B R K R O M E G I U S P T N
O O F I H S R E C O N Y T L G E M
L S I T G A A A C U N E R Y N D I
L P M T T A P T T A K A G B I S R
O U C I I S G E E C P A U N D T E
P T O O T T I A O L L S N T N A R
A N V H L V E R R D L G N T A T O
A I C N O D H P R I L I M N L E L
S K H S Y R W I M D N T T R N S P
A I N G J Y N A H O W K F E O R X
N Y D E N N E K R C C W J H O K E
S E R U L I A F G N O R T S M R A
```

NASA
ROCKETS
SATELLITE
SPUTNIK I
VOSTOK
SHEPHERD

COMPETITION
MOON LANDING
SOVIET UNION
YURI GAGARIN
UNITED STATES
EXPLORATION

ARMSTRONG
SPACE RACE
EXPLORER I
SPACECRAFT
COLD WAR
COSMONAUT

KENNEDY
ORBIT
FAILURES
ALDRIN
LUNA I
APOLLO

1950'S EDUCATION

The double helix is discovered in 1953, cracking the code to how genetic instructions are passed along.

```
D D A X B D P H K W D X G G D X Y
J O C K H X U S B S K H N K Z T Z
C O T M C M T T E P E C I M I H W
H G I X O R B I I A Y R L R Y P N
P N V Z I D R E L E L U O W T Y T
R O I C R O S T H P S H O R R T K
O M T L T L H I G A T C H F A R M
G M I S N Y I Y W U V Q C L I A N
R O E S M F S B A S W I S Y N D J
A C S E L E O G R V R Z O N I I V
M X D K L L Z R L A V E E R N T A
S I V U Q B I H M C R R D T G I L
A Y R Z F T M K K A S Y J L Q O U
Z S E S S A L C S R L H B C E N E
M L K W G N I Z I L A I C O S S S
E C N E U L F N I D O O G G H M T
Q R J Z Q W N T N E M H S I N U P
```

SCHOOLING	ELDERS WISDOM	ACTIVITIES	CHURCH
RULES	COMMON GOOD	AUTHORITY	STORIES
LIBRARY	GOOD INFLUENCE	BEHAVIOR	FORMAL
PROGRAMS	PUNISHMENT	SKILLS	STRICT
MANNERS	HEALTHY MEDIA	TRAINING	DUTIES
CLASSES	SOCIALIZING	TRADITIONS	VALUES

1950'S INVENTIONS

The first credit-card-like payment method showed up in 1950 in NYC when Diners' Club issued its first charge card.

```
Y G W K C O L C C I M O T A W L G
L L J G N I R E E T S R E W O P M
V N T F A R C R E V O H M V F P Y
K R S M K K L V F H W E Q W L P D
X O Y O Z R A K A H D L D N I R L
E Y P J L W V R N O H F R Z G A O
P N L T O A D P M P L B A M H D R
E W I R I D R R P A N N C E T I T
F D C L I C E C S R V A T U R A N
F I O S C T F H E T D P I L E L O
M M K C U Y M I R L P N D G C T C
M S W P R A C O B R L O E R O I E
L X M Z T A L A F E Y L R E R R T
J O B I M O B G R X R F C P D E O
C X C L C D M L M T H E T U E S M
D T J R F G M M V Q E T W S R D E
C N N Z K N C H K M N T K L F B R
```

CREDIT CARD	POWER STEERING	SOLAR CELL
MICROWAVE	ATOMIC CLOCK	HARD DISKS
OPTIC FIBER	TETRACYCLINE	BARCODE
RADIAL TIRES	REMOTE CONTROL	TEFLON PAN
FLASHMATIC	COMPUTER MODEM	COLOR TV
HOVERCRAFT	FLIGHT RECORDER	SUPER GLUE

1950'S TV SHOWS

Most TV shows were live-broadcasted, rather than being pre-recorded, leading to possible errors during the shows.

```
X R N M R C F F F Y M T N L L K S
H M E C A N E M E H T S I N N E D
O H M G W R N P K X M Q S Z V L R
W T A T N N H R K V C K N I N O Z
D Q V A Y A K L T Z Y M T T N R O
Y Q E F M K R F E K L C R I P T R
D T R C C O X E I K E N A P B A R
O H I D C N S N N T O R Q O Q P O
O G C I R H G N E O T M N Z T Y R
D R K K R R E D A N L A S N L A T
Y J Z O M A E Y O N N E U N M W E
H K L C R H W G E Z D H H P U H N
N N B S T H A H A N A Y K T L G G
T H T I K W Z P I E N Z X N G I A
W D X C Z F T K S D D E F M Q H R
N O S A M Y R R E P E X T B R M D
C F Y G Q Z Y D R D W Z L K R C N
```

DRAGNET

THE DETECTIVES

CHEYENNE

MAVERICK

BONANZA

PERRY MASON

THE LONE RANGER

HIGHWAY PATROL

WAGON TRAIN

DENNIS THE MENACE

AMOS N ANDY

HOWDY DOODY

SKY KING

GUNSMOKE

CISCO KID

SEA HUNT

ZORRO

RAWHIDE

1950'S CLASSIC CARS

In 1947, Studebaker came out with the first new car design, ushering in a "golden age" for the automotive world.

```
N Z D P P E E J C B C D X A C Z T
J G N R T R Y K N R E T X I H B T
V L H A O Z C A M L N Z L C C J P
M K I N P L G L A B O J P N Z N J
E F T N C R Y H L J S O J A F L Y
T K Y T O O A A N W D W G L K I R
R B E M O Y N X G R U E F V N M N
O E L P E E K T E B H T N W L P E
P N S W E D M K I W U T V I R E H
O T O Y V U A O Y N K G N T R R K
L L R K N B G V R A E C A P L I Q
I E C D E R V E I A O N L T F A R
T Y Q D E M B S O L F N T E T L L
A N U Z V F E Y N T D L Y A S I K
N T A T W R T N L B C X A V L D K
S R S Y L L I W Q R C K C K Q R E
F N U S T A D K K P Q K K N B Q B
```

HUDSON	ALFA ROMEO	WILLYS	LINCOLN
FIAT	CROSLEY	GAYLORD	JEEP
BUGATTI	CONTINENTAL	HENRY J	EDSEL
IMPERIAL	STUDEBAKER	FRAZER	LANCIA
KAISER	METROPOLITAN	PEUGEOT	BENTLEY
DATSUN	DELAHAYE	JOWETT	MORGAN

1950'S COONSKIN CAP

Disney's "Davy Crockett" featured the main character wearing a coonskin cap and the audience went wild.

```
R A E W D A E H F L D N R N Z W W
P M D G K M F R P G D A H R Z I G
L C N A V T O F K I C S E B L P C
S D T R V N R C C O P P D D M G G
N L V J T Y K K O V P N E A E N H
I M S I Y N C O T A R R E N C F M
A M E N C I N R R F N M O E K O N
T R R C P K M T O E U O R N R L A
N E I X M S K W S C B R O P M K C
U U E T Y N L S S L K I H T H C C
O Q S T E O H O E R H E S A W O E
M O F K N O Y I B S E E T D T S S
X T A B S C N N A M W T Q T K T S
H V N M I A K F K D Y K N K K U O
L T S Z D V K Z L V T S D U T M R
M S I L A U D I V I D N I J H E Y
X P Y Y F Z W S R E I D L O S X H
```

COONSKIN	CAPS	ACCESSORY	PIONEER
DANIEL BOONE	DISNEY	FRONTIER	RACCOON
DAVY CROCKETT	TV SERIES	HEADWEAR	SOLDIERS
FOLK COSTUME	FANS	HUNTERS	SYMBOL
INDIVIDUALISM	FASHION	MOUNTAINS	TOQUE
WILDERNESS	FUR HAT	WILD WEST	TRAPPER

1950'S SOCK HOPS

21

Sock hops were held on Saturday nights by schools as a way for young people to have fun in a supervised setting.

```
S  E  I  T  I  V  I  T  C  A  M  N  P  Z  B  B  H
C  G  Z  H  R  L  D  E  S  I  V  R  E  P  U  S  O
E  P  H  P  R  V  N  E  N  T  H  N  R  J  T  T  P
N  O  P  K  S  R  Y  R  Z  M  U  P  T  J  W  Z  P
T  O  R  K  N  H  X  A  W  I  K  D  R  W  G  M  I
E  D  B  N  E  D  C  L  K  D  L  W  E  Y  C  D  N
R  L  B  W  E  K  K  U  L  K  G  A  T  N  F  N  G
S  E  S  V  T  P  Q  P  G  T  K  R  I  C  T  S  S
D  S  T  K  M  G  Y  O  K  Y  A  D  I  C  Y  S  E
S  K  S  Q  C  H  R  P  S  P  M  N  R  A  O  R  N
P  I  K  E  T  O  S  O  E  E  F  F  D  R  Y  S  O
O  R  X  U  T  C  S  C  U  O  T  R  L  S  J  L  R
H  T  O  H  H  A  N  Y  R  P  U  T  W  O  A  V  E
K  Y  R  O  N  A  D  M  B  T  S  I  I  U  O  G  P
C  L  O  N  D  Q  A  B  A  B  N  V  S  N  L  R  A
O  L  K  M  N  L  M  S  B  G  O  A  P  N  G  P  H
S  R  C  I  S  U  M  X  C  F  C  B  Z  R  X  S  C
```

POPULAR	BOBBY SOCKS	SATURDAYS	CENTERS
CASUAL	CHAPERONES	SCHOOLS	SWING
GROUPS	DANCE PARTY	SOCIALIZE	DATES
HOPPING	GYM FLOOR	SOCK HOPS	TEENS
INFORMAL	POODLE SKIRT	ACTIVITIES	YOUTH
MUSIC	SUPERVISED	STUDENTS	SETTINGS

1950'S CANDY FAVORITES

22 PEZ dispensers, introduced in 1949 as a smoking cessation aid, became one of the most iconic candies of the decade.

```
G N S L R X K F W M T P K B R H Z
K O L O W U I J A L H Y R J Q E C
C Y B K L Z F M R O Z Y B A P V T
X B B S Z O B F T L H V P W T S D
M Y L I T A P T L L P E V B R E P
N J E A C O A W D E I N C R R C P
R S L H C M P E A H S E E E R I M
H M E R A K C P C X E Y R A O L Q
L W T L A I J N E F L V T K C S Z
S Y E A R B U A F R V I S E K T Y
K S F O K R S O C L S S P R Y I A
G M C K C T T R W K B P L S R U W
H I W H Q K I J A Z K E C Y O R Y
L H G W B P L K M M G E F L A F K
S T R A E H E V O L R P L L D L L
P S E L G N A P S Q F M T O K M I
S P U H C A P U H C Y Q F D C K M
```

PEEPS	MARS BAR	LOVE HEARTS	KITKAT
LICORICE	MILKY WAY	CHUPA CHUPS	PEZ
WAX LIPS	CRUNCHIE	GOBSTOPPERS	POLOS
CERTS	BLACK JACK	FRUIT SLICES	DOLLY
FIZZIES	ROCKY ROAD	MAMBA CHEWS	TOFFEE
SPANGLES	HOT TAMALES	JAWBREAKERS	RUFFLES

1950'S BEATNIK

The term "Beatnik" was coined in 1958 as a play on the word "beatitude," which refers to a state of enlightenment.

```
H Y L J N M S I N A I M E H O B N
Z H A F S E S U O H E E F F O C G
Y P M B O E L Y T S E F I L J G R
Z O I S F Y R T E O P L V L Y R E
K S R Y Q S B U L C Z Z A J I E E
K O I P D T Z Z P W D B R T R B N
C L B N J K F B N S W I T G L S W
K I A X O L K C E N W E P L N N I
N H R H C B A N E B H B K R O I C
M P A K T S O S U G C E O W I G H
R R K K S J R R N D A B R K T M K
A G A A I E R I G R U O L I A P A
T G D O V O L G N K O P O N R L U
D Y R E U R N W K M R M V T E N F
G E E G E R W X W H E D S A N K M
L R H F Z Q R K V M K Y K E E C A
F S T N E M E V O M L V Y B G V N
```

BEATNIK

CORSO

DI PRIMA

BEBOP

CASSADY

LIFESTYLE

AMIRI BARAKA

BOHEMIANISM

BURROUGHS

COFFEEHOUSES

FERLINGHETTI

GENERATION

FREE VERSE

LEROI JONES

GREENWICH

JAZZ CLUBS

MOVEMENT

PHILOSOPHY

OHARA

POETRY

GINSBERG

KAUFMAN

KEROUAC

ORLOVSKY

1950'S TOYS

In 1958, Wham-O manufactures the iconic Hula Hoop, selling 25 million units in the first four months!

```
D L K R S P S Y T T U P Y L L I S
V X K D P L T X P D E M K I P T G
C K D C I I L R M F D E A N A T E
P H M N I P T O Z C A R Z R B E F
R L K N T T Z C D R A R M T B T A
A Y P W Z B S H H L B Y M Y H K X
C F D G C A C O P I M A Z T N A N
C R D S R R I D G E N Z S O O W Y
O I N T S B R Y N O U P T K L Y K
R S J E R I C A B B P R A H E W S
D B W P E E U L D V K K U L K T B
I E Q M G L S P T I L L E P S M J
O E K A O G S J S R A E T Y N I T
N M D E R C E R K H R W V G N Y Y
N H B R Y R T R O N L L M F W H F
M X Y D O X S O P T S N U G Y O T
X V D V R R P S C I T S E M O D H
```

PLAY DOH	POGO STICK	SLINKY	SILLY PUTTY
BUZZY BEE	DREAM PETS	SPELL IT	FARM TOYS
BAS KET	PITCHIN PAL	DOLLS	ACCORDION
FRISBEE	ROY ROGERS	TOY GUNS	HULA HOOP
ARMY MEN	PLARAIL	BARBIE	DOMESTICS
TINY TEARS	CIRCUS SETS	TONKA	YAHTZEE

1950'S FAMILY LIFE

25 The marriage rate in the '50s was at an all-time high, getting married right out of high school was considered the norm.

```
E K R H X P L A H C R A I R T A P
I N S N O I T A S R E V N O C L L
X D I D X H E G A I R R A M M N Y
M E E L C S K T L D P V X D O F X
N C L A P N N V T G Y D Y O U N C
H R R L L I J V S L L T T M T Q H
E O E Y L K C E G J I E R E I S I
M V S C X T C S L L M M A S N E L
O I P K X U L J I H A I D T G L D
H D E P R A G B M D F T I I S O C
Y O C I E M A R N L R Y T C U R E
Z N T M M T V Y L M A T I B B R N
O Y P L S Y X R V L E I O L U E T
C T Y T E I C O S C L L N I R D E
H R S S E N E S O L C A A S B N R
S E I T I V I T C A U U L S I E E
L B G H C S E L O R N Q Z D A G D
```

KINSHIP	CONVERSATIONS	DISCIPLINE	SUBURBIA
STABILITY	DOMESTIC BLISS	COZY HOME	MEALS
IDEAL	CHILD CENTERED	NO DIVORCE	RESPECT
OUTINGS	GENDER ROLES	PATRIARCHAL	ROLES
SECURITY	NUCLEAR FAMILY	CLOSENESS	MARRIAGE
SOCIETY	QUALITY TIME	TRADITIONAL	ACTIVITIES

1950'S CIVIL RIGHTS

In 1955, Rosa Parks refusal to give up her bus seat to a white man led to the successful Montgomery Bus Boycott.

```
N O I T A G E R G E S G M N T K J
K S T N F R T C M R M A N T D S M
P N M X J N D N J A L Q L N N N A
P I N D R T D C C C V R L E S A R
K T D R Q B M C O I E R M M E C T
Y I N L Q T U L M S F P P E S I I
R S T O P J M S I M S T C V A R N
E C S N I X T S B T K N N O C E L
M I K T C T T E H O E Q R M T M K
O L F N S A U G Q I Y O T T R A I
G B R N N E I T D U S C T B U N N
T U K C Q R T E I A A M O G O A G
N P E W L K B O P T V L X T C C J
O R P I W O C A R M S N I L T I R
M N V H S L R J L P W N R T T R T
M I N I D K H C K D M G O J Y F L
C K D P S T S I V I T C A C K A F
```

COURT CASES

CIVIL RIGHTS

BUS BOYCOTT

RACISM

ROSA PARKS

SEGREGATION

AFRICAN AMERICANS

CONSTITUTION

MARTIN L KING JR

MONTGOMERY

DISOBEDIENCE

PUBLIC SIT INS

EQUALITY

MALCOLM X

MOVEMENT

ACTIVISTS

PROTESTS

RESISTANCE

1950'S SLANG

"daddy-o", was a popular slang word used to address a male friend, similar to the way "dude" is used today.

```
P E Y Y K E E R C A P U C Z X T E
I I J D E K N O Z P U K C A R P D
L K B H C N K G W W W O H H A K E
S O Y O R R G M F K U N N O V B L
K O K Q B E U L W T D E G L L D L
N K G R T B I D T H L M E A Y I I
I L M S C P Y A D K M N S Y L M V
P N E D S H S S C Y I T K R G E S
Y N V I I I E I O N K R L U I S E
D R D B G L P W D X C V B M N T R
G E O H Y A O U O T E V M B C O A
T U T D N K O S R U J R Q L H R U
E Y R I Y L N Q B G T K N E Y E Q
S R L A C K E S E E H C G I B F S
T W R N T P N T J D R T Q B C J X
E K O B M U F U B B Q G R K W M J
J K J T T X C B H K D K K D N Z M
```

KOOKIE

IN A PICKLE

CRUDDY

RUMBLE

BLAST

RACK UP

HUNKY DORY

SQUARESVILLE

ON CLOUD NINE

BOBBY SOXER

DIME STORE

OUTTA SIGHT

BIG CHEESE

CUT A RUG

PINK SLIP

NEST EGG

CHEW OUT

UP A CREEK

GINCHY

FLIP SIDE

SOLID

JET SET

ZONKED

GO APE

ALBERT EINSTEIN

Einstein's brain was preserved after his death, and has been the subject of much scientific study in the years since.

```
R E C M M S K V R K R W P M L H L
D C S V S C L Q M C F H A L M T N
K N P N V I Y E M H Y N T H N I O
Q E A T I E T W G S N P E D O M I
R G C M O N C E I A A D N N B M T
E I E Q L T G C N C C S T A E I A
L L T U I I S E I G C Y O L L G U
A L I A N S Q F N I A Y F R P R Q
T E M N M T I I T I R M F E R A E
I T E T T S E A R O U R I Z I N N
V N L U T T M G E R T S C T Z T Y
I I Z M S E W H B P E V E I E G R
T D K N H T T M L L H T R W M L R
Y J I T N M B B A W M W T S W W B
P E A Y N A M R E G M X B A N H D
M M Y T I V A R G N R P C N M W Y
N O T E C N I R P N C Q N L M L W
```

ALBERT	SWITZERLAND	EQUATION	GRAVITY
EINSTEIN	INTELLIGENCE	IMMIGRANT	THEORY
GENIUS	MAGNETISM	RELATIVITY	VIOLIN
SCIENTIST	MATHEMATICS	QUANTUM	LEGACY
PHYSICS	NOBEL PRIZE	SPACETIME	PACIFIST
GERMANY	PATENT OFFICE	PRINCETON	MATTER

1950'S DRIVE-INS

29

Drive-ins started to take off in the '50s being a Family-friendly place and more flexible than indoor theaters.

```
H V L Y N T M C K M D E S V S V L
R E M M U S A R B P X R R P E J V
B K Y R T R O K L P E T E A L G P
L Y X R H I R A E O N I M R C Q Q
N M D O D I Y R G S I P I K I D T
V R P A A G I E C P E N T I H S R
Z S R N R E I K S E V O T N E E A
T M E O N V D N X A I I H G V M U
F P U C O E A Q P K R S G L A I T
O N E M M C E L O E D S I O I T O
D H V V K E N R P R B A N T G Y M
T Y G B P Y M K C S V P V H L P O
R P A Y M I H O O S Q M L E A P B
P R T R Q N C K R D G H X A T A I
S B M L R L X N N I C I N T S H L
S E I L I M A F I C E J B E O P E
S R O O D T U O Q C B S L R N F S
```

DRIVE IN	AUTOMOBILES	PASSION PIT	FAMILIES
OPEN AIR	HAPPY TIMES	NIGHTTIME	FM RADIO
PICNIC	BIG SCREEN	NOSTALGIA	THEATER
POPCORN	MOVIEGOERS	OUTDOORS	VEHICLES
CAR HOPS	PARKING LOT	EXPERIENCE	SPEAKERS
SUMMER	PLAYGROUND	SNACK BARS	MEMORIES

1950'S POLIO

The fear of polio led to "polio parties," intentionally exposing children to the virus to build immunity.

```
S S E N F F I T S T K R J Y L B C
K E U G I T A F R L K J C R M X B
P R N P Y V V T A B S D N X H N N
O Q C P P Y D S S U R I V V N E C
L G X P L O S I O C Q L A W R M S
I N N L V A L I S F R C Z D R Y S
O O L U N N T I E E C R L E M Y E
M I D O L C I V O I A I T P F T S
Y T J E E N E B N P H S T I T I A
E A F F A R O E A C A O E D H N C
L C N R Y T D R R S M R H E E U F
I I Y M M M H K I S T H T M R M L
T D L J K M M S V H Q R M I O M F
I A S T O P S T O H L W E C E I T
S R Z S I S Y L A R A P C B S S L
T E H T L A E H C I L B U P L X T
Q S K A E R B T U O T T P X N A R
```

CASES
CHILDREN
DISEASE
EPIDEMIC
VACCINE
VIRUS

ALBERT SABIN
ERADICATION
JONAS SALK
POLIO PARTIES
POLIOMYELITIS
PUBLIC HEALTH

HOTSPOTS
INFECTIOUS
OUTBREAKS
IMMUNITY
SYMPTOMS
IRON LUNG

FATIGUE
HEROES
DEATHS
FEVER
STIFFNESS
PARALYSIS

1950'S DISNEYLAND

Disneyland opened in Anaheim, CA on July 1955 to be the only theme park built under the direction of Walt Disney.

```
K  K  F  E  R  U  T  N  E  V  D  A  L  C  N  P  K
E  C  N  D  N  A  L  R  E  I  T  N  O  R  F  N  B
M  T  U  T  N  R  S  R  E  T  C  A  R  A  H  C  R
M  A  I  D  R  S  R  U  O  T  R  A  T  S  Z  W  L
M  S  I  H  D  Y  E  N  S  I  D  T  L  A  W  E  D
M  I  E  N  W  L  R  M  G  F  N  C  R  K  S  W  N
I  C  N  L  S  W  A  R  P  B  B  W  L  I  N  C  A
C  M  R  N  T  T  O  N  C  D  W  V  U  O  O  D  L
K  P  G  O  I  S  U  N  O  P  M  R  I  D  I  T  Y
E  F  P  N  W  E  A  S  S  D  C  T  T  S  T  E  S
Y  A  L  K  F  D  K  C  A  E  A  I  N  S  C  C  A
M  N  U  X  J  R  S  Y  L  M  K  E  E  L  A  I  T
O  A  T  X  K  M  F  G  I  I  Y  D  J  W  R  L  N
U  H  O  H  J  O  N  N  R  L  A  P  R  N  T  A  A
S  E  Z  Z  O  U  A  O  A  R  B  G  V  X  T  Y  F
E  I  G  G  J  M  O  N  A  T  T  Q  N  H  A  N  T
V  M  N  K  N  M  D  P  T  A  I  P  O  T  U  A  K
```

ALICE	DONALD DUCK	DISNEYLAND	GOOFY
ANIMATION	FANTASYLAND	SNOW WHITE	MINNIE
CROWDS	FRONTIERLAND	CHARACTERS	PARADES
ANAHEIM	JUNGLE CRUISE	STAR TOURS	PLUTO
TIKI ROOM	MAIN ST USA	WALT DISNEY	CASTLES
ADVENTURE	MICKEY MOUSE	ATTRACTIONS	AUTOPIA

1950'S SCIENCE FICTION

Just before midnight July 19, 1952, a UFO is allegedly spotted on radar and by witnesses in Washington, D.C.

```
W N O I T A I D A R P W L K M R L
M L R L R B W S O F U P T N N L E
N E S P Y L A C O P A E V S L C V
O S G P K N F A H R C K N Q F Y A
I P N R A M O N I H L O M A F B R
T A W O G C X V N P I D S L Q O T
C C M N I K E O S O C X K K R E
I E L U X T P C A L I T L P R G M
F O G T T H A V R N S Y S A N S I
E P R A O A N Z A A S W W Y P S T
C E G B C I T T I E F R V N D N Z
N R I S G I I I N N A T E H R E F
E A B P C O M I O E O W S O Z I I
I C M L N C Z O L N W L B K L L L
C Y K U J N K C T A S O O H P A M
S J G P A X U H V A T N X C X B S
R V G F T N D E M S I R U T U F F
```

ALIENS	COLONIZATION	APOCALYPSE	CYBORGS
FANZINES	SCIENCE FICTION	FASCINATION	UFOS
NOVELS	NUCLEAR WAR	ATOMIC AGE	DYSTOPIA
FILMS	SPACECRAFTS	TIME TRAVEL	PULPS
ROBOTS	SPACE OPERA	INVASIONS	NEW WAVE
FUTURISM	TECHNOPHOBIA	MUTATIONS	RADIATION

1950'S MCDONALDS

On April 15, 1955 The first McDonald's opens in Des Plaines, Illinois. The price of a burger? 15 cents.

```
A L A E M Y P P A H N S J D V H H
K P K E C I V R E S E G R Y A S R
E K P Q S Z E J D I Y I D M N P R
G N T L Z K N F R H V M B I E E A
N F I K E H N F F E K U A K M C Y
I G L L V P H I T I R H A Q W I K
Y R O W Y C I H R G C H G N P A R
R R L L N L R E E D S I D Q M L O
F D E E D U B R M K T O E E T S C
H G R C H E M M L E O F X N P A D
S F I M N N I E F N P O E T U L
A T C A Z A M A T S A U E S P C A
L C H U D M N S R N S D R K O E N
F K A R L F A I S C E A M P H M O
J T R I F F Q I M E H W F Q R K D
V K D C N B O Y L O T E J R A N C
J C K E G N T P M Z D B S W C L M
```

CARHOP	ASSEMBLY LINE	HAMBURGER	APPLE PIE
CHAINS	FLASH FRYING	HAPPY MEAL	MILKSHAKE
MENU	FRENCH FRIES	MCDONALD	RICHARD
RAY KROC	GOLDEN ARCHES	FAST FOOD	MAURICE
SPEEDEE	SOFT DRINKS	DOMINANCE	EFFICIENT
SERVICE	SPECIAL SAUCE	DRIVE THRU	EXPANSION

1950'S HULA HOOP

34 The hula hoop became a symbol of the carefree and playful spirit of the 1950s, and was embraced by people of all ages.

```
C V W P F G M G B R T Q E Q S K B
R I N Q E L Y L N D M M L U X Y W
G E T D V R L C M I I K C W P R N
P K C S X W F N A T L C B O T E S
N M B O A S P O S E E R O T I V P
M N N L R L L A R S R H I C K O U
L W R K W D P A S M A O O W R M D
H C A E B J S F I L A N B H T E M
P Z H F S J U R U C I N R I E C E
C R G I K L N H S C R P C Z C N L
O A B T R J J Z T T K E A E O A I
N L A N A V L O L Z P R M M N D N
T U M E P C Y K U L C L A M K L W
E P B S Z K N P D C Q H L T O P T
S O O S T E T G A T W C K T Q C D
T P O M R M M N E R D L I H C H N
S G D R Q M N X J E S I C R E X E
```

ADULTS	COMMERCIALS	CHILDREN	WHAM O
CRAZE	DANCE MOVE	ICONIC TOY	RECORDS
AEROBIC	HULA HOOP	PLASTIC	BAMBOO
FITNESS	PERFORMANCE	POPULAR	EXERCISE
KNERR	SPUD MELIN	CONTESTS	PARKS
BEACH	SUCCESSFUL	TWIRLING	PASTIME

1950'S GELATIN MOLDS

Gelatin molds in the 1950s was so popular that many cookbooks had a section dedicated to Jell-O mold recipes.

```
E N P L P B K V C C R W Q L F N K
E R T L P O C Q O R G S X R A T F
T C A K N M P O M L K D F L M P Y
A F P W O K K U U W G A R W I J D
R M L L N B X F L N R L U B L T Z
E Y D A O E R F I A S A I D Y D Y
G S E O V O H K K B R S T T F S J
I B K C L O O C R V S N S W A F I
R L S O I O R U T C X I Y E V L G
F E C U C U B I I I T T R C O O G
E P C E O U J N N R K A Y Z R B L
R V M I S I C W E G N L K Y I M Y
T O R D P I C A O L S E B K T Y N
H Q D W P E T I L W Z G K T E S T
K L R F M P S X L F S E I T R A P
S T R E S S E D E E H V R M K L T
R E M M U S P H J W D M X Y X K T
```

JELLO	KITCHENWARE	COOKBOOK	JIGGLY
EASY	GELATIN SALADS	DESSERTS	TREAT
RECIPES	HOME COOKING	DELICIOUS	SUMMER
FRUITS	FLAVORINGS	SUBURBS	JUICE
MOLDS	REFRIGERATE	POPULAR	SYMBOL
PARTIES	FAMILY FAVORITE	COLORFUL	PICNICS

1950'S TV DINNER

The first TV dinner was a Thanksgiving-style turkey meal in an aluminum tray introduced in 1953 by Swanson.

```
M D R M P M K K M R E N N I D V T
R L E B I H E L B A S O P S I D W
B Y K T X C M A A R F L D N Y F L
R M Z N A M R L T L B E O D G A S
J Y B E J E U O K M G S E K E V N
S L D F L M H R W A N S C M N E O
U W N O I Y C M K A S T N M N G I
P W O N O K T C W E V E E S L E T
E T I R G F A S R L Z E I E A T R
R U T C G P T T E O B L N C U A O
M N A J H Z P R R M W T E T D B P
A Y V R L E H F O D O B V I I L V
R P O N T X A T Q F G H N O V E Y
K T N J P G R P H R M G O N I S D
E J N Q W A V R L G W O C S D L A
T L I P Y T E I R A V N C T N F E
R V M S N O I S I V E L E T I W R
```

READY	COMFORT FOOD	DISPOSABLE	PACKAGED
SWANSON	CONVENIENCE	INDIVIDUAL	PORTIONS
CHEAP	FROZEN MEAL	ALUMINIUM	MEAT
SECTIONS	MICROWAVE	TELEVISION	DESSERT
TRAYS	SUPERMARKET	VEGETABLES	HEATED
TV DINNER	INNOVATION	HOMESTYLE	VARIETY

1950'S PREPPIES

"Preppies" referred to students who attended prep schools and were known for their conservative style of dress.

```
D E G E L I V I R P U N E B T F E
S W R Z F H T S R P O R H R J L U
T F Z T M H I E P R U L Y V S O G
U A Y N T K P E T T G S Y E M G A
D S J N A P R H L N R N G D V F E
E H L H I C E U R E E E I F H X L
N I K E L A C K F U L L N L C M Y
T O S A S B K A B L Q N I L I L V
S N S T U R O R O F T L U T K A I
M S E S N L T C W F T S F F I R S
N R L L T H T L T A I E H O Y S T
N R E T A E W S B V L Q N M L N T
N S E I T I S R E V I N U N T O M
E V I T A V R E S N O C K R I M P
B B C T S L O O H C S P E R P S H
T N E M H S I L B A T S E T Z R H
Z T L J E L Y T S C R V B M N R D
```

AFFLUENT	CONSERVATIVE	EXCLUSIVE	SWEATER
COLLEGES	ESTABLISHMENT	IVY LEAGUE	TENNIS
ELITIST	NORTHEASTERN	SUBCULTURE	POLO
FASHION	PREP SCHOOLS	PRIVILEGED	GOLF
PREPPIES	UNIVERSITIES	SAILING	KHAKIS
STYLE	UPPER CLASS	STUDENTS	LOAFERS

PHONE BOOTH STUFFING

Guinness recognized phone booth stuffing as an official record, sparking numerous attempts worldwide.

```
Z R M S W K P S R E G A N E E T W
V W Q T U D Z R M Z Y R U J N I P
K Q N K T O P B A N Q E N G R W H
Z T T M F A I P X N K C R N Z C O
V H C K C C L R V M K O T I V X N
L J T K G A T R A K N R P F T N E
T S I N G C Y T D L M D M F F Y B
K N E E L P O E P Y I S E U X P O
G F L G Y D S Z T K M H T T G G O
F L I Q N O A I L A N G T S N N T
I E C L L E C N L Y N U A N I I H
L T I C L A L L G I T L M G Z M E
L N N H P I S L D E Q F R B E M V
J E T A C P N W A N R O H V E A E
D T C W A S O G V H U O C Y U R N
C N Q C M R I T R P C B U M Q C T
R M E B C K W M S N P Y B S S Z R
```

ATTEMPT	CHALLENGES	TEENAGERS	FILLING
CAPACITY	CRAMMING	MISCHIEF	EVENT
PRANK	CROWDING	SQUEEZING	GROUPS
RECORDS	DANGEROUS	HILARIOUS	ILLEGAL
PACKING	PHONE BOOTH	STUFFING	INJURY
PEOPLE	SMALL SPACE	ENCLOSED	NUMBER

1950'S MCCARTHYISM

39

As a result of the anti-communist hysteria, numerous actors, writers, and government officials, were unfairly blacklisted.

```
W N O I S R E V B U S H N Y P D K
R B N A C M F Q Y K E B D H V Y L
F L L K I M N G N A M P E T M M O
N H J A B O K X R H I J D R Y S Y
S T O V C K N I L H N N A A A I A
B N Z L F K N A S Y O K S C L N L
S D O Y L G L R R I Y L U C G U T
Y M P I S Y O I S A J P R M E M Y
M T I H T S W S S E P K C H R M O
X M U T N A E O G T Y N L P H O A
L A J E H R S A O Q I C P E I C T
C Q C R P A N U M D Z N J S S I H
P K K E R O C J C J T F G O S T S
Z K R M I K M T L C M E K J N N T
D D K P N L N X Z L A T N H T A Z
T P S N O S A E R T L T K M T G T
R E L L E R A C S D E R K K Q L M
```

CRUSADE   ACCUSATIONS   HUAC
ESPIONAGE   ANTI COMMUNISM   RED SCARE
BLACKLISTING   CENSORSHIP   PARANOIA
ALGER HISS   HOLLYWOOD TEN   REPRESSION
HEARINGS   LOYALTY OATHS   SMITH ACT
TREASON   JOSEPH MCCARTHY   SUBVERSION

1950'S GROCERIES

40 Consumers began doing most of their grocery shopping at one location, rather than visiting multiple specialty stores.

```
A F M M X H S L L E B P M A C Q S
T U K M O L L E J L H S K T L Y J
S S N L J Z R X V D C N N D B P T
Z N E T R K B M E D T O D B E W M
I C A R H R T L N S B T I P G D T
Z N Y M C A S I I J T L S F R O L
V I O F L E T K D H X I J G M L T
R P H R Y E R T S E C H M K Y E Z
P A C C A A S U I O Z T I L H C S
S N A N T F L S L E X M G J R B N
N A L S K F E A U R S R L O X S B
E P Z H I N B E B M G N Y N C R M
D L L N G P K R B M O A F N W E T
R U A V V T J Q I T L Y L G N B K
O S Z Q H Q P Z P L F Z U J H R X
B R T M M W W I K Z L B F M K E R
T S G G O L L E K X L O F P M G Z
```

LA CHOY	MUSSELMANS	JELLO	BRILLO
LIPTON	BORDENS	CAMPBELLS	FLUFF
TIDE	SANI FLUSH	BEEFARONI	DELSEY
DOLE	AUNT HATTIES	GERBERS	CREST
ROYAL	IPANA PLUS	STAR KIST	HILTONS
SCHLITZ	PEPSI COLA	KELLOGGS	LIBBYS

1950'S COMEDIANS

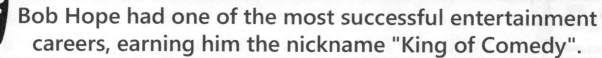

41 Bob Hope had one of the most successful entertainment careers, earning him the nickname "King of Comedy".

```
G E F P Q N P X T Z G K A F E V M
J L R L J Q E N X R K R F P X A V
O R E H R A C G R O T N O K H C J
N E D V E K C L R C F H J K Z N W
A B S D Y N K K A E B D R L B N N
T N K W I R N R B O B A D B V D O
H O E D P C N Y B E M R I E E N S
A T L L A E K N Y T N N A A R L A
N L T C Y N E G A O G N N G J D E
W I O T P W N E R C U M Y N D R L
I M N G H W M Y R E A N L M C E G
N Q B A Y G B O K R G T G J M Z E
T D R D I Z S Z T A L O R M C T I
E T X P B B R I F Q Y M R J A M K
R D K W Y D N T C T L E R Y K N C
S M T X K N E L L A Y D O O W Y A
W E N E E R G Y K C E H S Q H T J
```

MILTON BERLE   EDGAR BERGEN   BOB NEWHART
BOB HOPE   JACKIE GLEASON   REDD FOXX
DANNY KAYE   PIGMEAT MARKHAM   JACK BENNY
RED SKELTON   HENNY YOUNGMAN   DEAN MARTIN
BING CROSBY   JONATHAN WINTERS   ART CARNEY
WOODY ALLEN   SHECKY GREENE   DICK GREGORY

The Lever House inspired the glass-walled International Style, the trend for businesses through the decade.

```
Y N I T U M E N I A C E H T G B D
R O T E C A E P E T A R A P E S A
D F N K T V N L K Q L U D W R H E
N I C T T T R C D M N M A Y H A C
E A L R H V N P M D N T T C M W A
S M L I J E W O E P L P N F B A L
D L T C T H B R I A Y U M E C I P
O E K H K T T E S T L H Q L P I N
O G T R E H L S A D A G K B T P O
H E R I E L H E E C R D L I C D T
D N C N S R E K B S H R N C R N Y
L D E X U I A O S E K N W U K W E
I T M G W N V E P G A N H R O L P
H V G R N C N E J A I R F C K F T
C E V H N T T W H N R V V E K R R
D M T G I J M K P T K D R H M J G
T V L W L X K M U R D N I T E H T
```

THE CRUCIBLE

NAKED LUNCH

ON THE BEACH

I AM LEGEND

UNDER THE NET

THE TIN DRUM

CHILDHOODS END

FOUNDATION

ATLAS SHRUGGED

A SEPARATE PEACE

THE CAINE MUTINY

PEYTON PLACE

WITNESS

LITTLE BEAR

THE LEOPARD

HAWAII

THE VISIT

PNIN

1950'S POPULAR JOBS

The average US worker today would only have to work 11 H/W to be as productive as 40 H/W worker In the 1950s.

```
L T T N E M N I A T R E T N E F M
M O K R O W E C I F F O N Y G O P
L A G X F N V T M K K G O R N O P
Q G M G P W L P H K K N I C I D H
M R E T I F P V J G N I T G T P Y
J I D A K N C R N G G R A V T R S
M C I I K Q G I Z N M U T W I O U
S U C R W K H P I M M T R P S C P
E L I A J C L T I Z P C O L Y E P
R T N T A T N N Q D Q A P U B S O
V U E E K U I M X R D F S M A S R
I R T R O N M R T H H U N B B I T
C E F C G T Y V F Q M N A I X N W
E N C E L T Q C R L L A R N Z G O
L A M S L K L R G L H M T G B T R
D Y Q D G N I C I N A H C E M R K
N O I T C U R T S N O C D A O R H
```

SECRETARIAT	MANUFACTURING	OFFICE WORK
ACCOUNTING	TRANSPORTATION	PLUMBING
LOGGING	SUPPORT WORK	SERVICE
AGRICULTURE	ROAD CONSTRUCTION	TEACHING
MINING	ENTERTAINMENT	MEDICINE
MECHANICING	FOOD PROCESSING	BABYSITTING

1950'S PASTIMES

44

Throughout the 1950s, baseball remained America's national pastime, and The Yankees dominated the decade.

```
Y T N D W R Z W K G N I K O O C H
R F B Z L E Y M R M G N I W A R D
E I J A R A K N N I G S K B G M G
T S K V K D K T N N T R P F B N L
T H N Y G I L C I K I I P O I Z Z
O I K L N N N T H M C H N K R S M
P N X R N G E G A O O C P O G T T L
G G Q K O H N G L T U O L O S G S
N C B T C W I L O Z B G R G E N N
I W Z O Q R E G Z P A Y G N M I C
P L R K O C R L A R T P N I A C O
M C L Y T A I R D E Z N I T G A L
A G K I P N C E L E J L T N D R O
C C N H G S N L M C E M N I R R R
G G Y H R I I G L W T N U A A A I
J P V M N N C V W Q L G H P O C N
M L X G G N I T A R O C E D B Z G
```

PAINTING	NEEDLEWORK	WRITING	POTTERY
ORIGAMI	CAMPING	COLLECTING	BAKING
SPORTS	SCRAPBOOKING	CAR RACING	PUZZLING
FISHING	BOARD GAMES	READING	COLORING
GARDENING	PHOTOGRAPHY	DECORATING	DRAWING
COOKING	STORYTELLING	CROCHETING	HUNTING

1950'S FEMALE NAMES

Though it started in 1946, The '50s makes records for the babies born per year — around 4 million on average.

```
L R P B Y D P R B N N K J C V S A
Y O N P E R X L E V Y N R V U L B
N Y R B A X R E G P L N F S I Q A
N R R A B T L E E V I D A E M P R
Q A V N C H R G H Y R N H N A M B
K M N I T G G I Y S A S T M C M A
A F X A R Y K L C R M G E N D Y R
N H K V R G L Y E I W L R L B R A
T T T Q K D I I N H A A Z K K M K
E L H R B M N N A I H T N Y C H R
N Z X X A N D A I X L D M D T T N
A C X R O M A H S A L O B N A U E
J N U B I K C I V E N N P K W R R
N A D X Y W X N N Z K N N V V J A
L C Q F B P K N Y L N A N R N Z K
Q T N A O J A L D L Z T H R N B L
X D P L V Z M V T H A R O B E D M
```

MARY	CAROL	CYNTHIA	DEBRA	WANDA
ANNE	KAREN	BARBARA	JOAN	LYNN
PATRICIA	LAURA	SANDRA	MARTHA	SUSAN
LINDA	NANCY	MARILYN	JANE	VICKI
PAMELA	DONNA	KATHLEEN	BONNIE	RUTH
DEBORAH	PEGGY	VIRGINIA	SHERRY	SHEILA

1950'S SPORTS

Because they were easier to televise, the sports that best suited early television were indoor contests like boxing.

```
J G N I I K S E N I P L A H L B Y
S L Z G N N G F M V G N L B L A C
I P M M N N S L G F N L L T A D H
N W K G I I G C O M A G L N B M R
N T M F Y N C O I B Q R N O T I S
E B R D I M T A Y T K R X L E N K
T U N L B B N E R R E I M R K T A
S B C L A O L A H E N L O T S O T
R Y Y L W L W L S G S W H Q A N I
C E L Q O L L L R T I R L T B K N
A V C V N A H A I N I D O P A L G
R Z W C K B O B G N M C Y H X Y F
C R P T O E C T R D G D S M B T Y
H G N Z T S K F O T O M Z G Y X B
E L O D M A E O X L J C U Q P V M
R L T L M B Y S K L N R T B D M R
Y K K T F T E K C I R C J L V D M
```

BASEBALL   HORSE RACING   BOXING   ROWING

CYCLING   BASKETBALL   SOCCER   ATHLETICS

BOWLING   ALPINE SKIING   TENNIS   MOTO

SKATING   VOLLEYBALL   RUGBY   SOFTBALL

FOOTBALL   GYMNASTICS   GOLF   ARCHERY

CRICKET   BADMINTON   HOCKEY   SURFING

1950'S SLANG

Plenty of lingo from 1950s is still around like "having a blast", "on cloud 9", "nerd", "big deal" and lots more.

```
K X K K E F Q R T P X L M Z F K G
F L Z I S N H M U L Q A T F D C A
T R L P C M I D M N E Q B F O I N
T M A H L K E H T R F N R X N T G
T Z R R J P D K C F R A R D K S B
S F Y P U Q R S O A B T H C K E U
U T N O D R E R L O M Q U T C H S
B T S Y W J N Z E Q H D Y H O T T
T D L C N M Z K Z A Y E E B R N E
E L K C I T G I B Z L A H G T O R
R X Z K M N J C Z M T G P T J L S
R R X W F G U U H E V V O N N Q N
A C Q E P K F G R A N S X N U O F
N H Y T M H Z S G R R R C A E D W
E M X R R L J J K E T I R O X D G
A K T A K Y T F I N T E O N S T D
N Z F G T N A C A V M S J T M M T
```

NERD	GANGBUSTERS	SPAZ	SQUARE
SOUPED UP	ON THE HOOK	VACANT	NIFTY
NUGGETS	SUBTERRANEAN	MACHINE	SOCS
WET RAG	ON THE STICK	NOD	ROCK
CHEATERS	FUZZY DUCK	SCREAM	BARF
BIG TICKLE	REAL GONE	KICK	CHARIOT

1950'S RECIPES

48

In the '50s, there was a thick milkshake called the 'concrete'
It could be held upside down and wouldn't spill a single drop!

```
W V L T I L P S A N A N A B R Z G
A R R S A L M O N T O A S T J D K
C R F C N T S M M I Q S T X C L T
K R R L A H K E S B M U F H L C S
Y R I S V S A A B E I C P Q Y Q G
C E E F I G E T O R L C Q A H H E
A L D F D N T B B A K O R N G M L
K B F U N I S A A R S T L T N P D
E B I P E L F L K H H A S E I O E
N O S B K P P L V S A S E L R T F
W C H A C M K S I L K H L F N R F
K X H R I U Q L L E E B F F I O U
B F M C H D E G K W N X F U T A T
V P H Q C R Y D U Z K D A O A S S
S L E E H W N I P M W M W S L T N
F E E B T S A O R H B Y D D E K M
B X R C A R P A C C I O N K G V G
```

WELSH RAREBIT	GELATIN RING	SOUFFLE	MILKSHAKE
CHICKEN DIVAN	DUMPLINGS	GUMBO	POT ROAST
RELISH TRAY	CRAB PUFFS	KABOBS	FRIED FISH
SALMON TOAST	ROAST BEEF	WAFFLES	MEATBALLS
BANANA SPLIT	SUCCOTASH	STEAKS	CARPACCIO
STUFFED LEGS	WACKY CAKE	COBBLER	PINWHEELS

1950'S COMEDIANS

49

1953 begins a new tradition for entertainment lovers, the first annual Academy Awards to be broadcast on TV.

```
R E L L I D S I L L Y H P F N R G
P Q X R A M O H C U O R G A P M R
S R E V L I S L I H P N M R R O Y
B M R R L L E J X L Y R F J L R D
U M S I D E V D F M E R E N P T H
D E R T C B R F W B W R D F M S E
A T E O L H B U Y Y R L S Z S A C
B N L H L M A L A Y N M M I H U
B A L K M L L R L L R N O B D L R
O R E L K E E D U N E M G C C B
T U S P H R W T B P H A J W A K Y
T D R S J I L E S O R P T X E R N
N Y E J S R G L W O L Y Z S S Z N
Y M T V T R V A C V C N O P A V E
K M E F O J R Y R R P U Q R R L L
F I P E K D X C V B W X O J C R Q
K J G M H E N I F Y R R A L L P P
```

LENNY BRUCE	STAN LAUREL	JIMMY DURANTE
GEORGE BURNS	PETER SELLERS	MOE HOWARD
RICHARD PRYOR	SHELLY BERMAN	LOU COSTELLO
SID CAESAR	ED WYNN	BUD ABBOTT
JERRY LEWIS	MORT SAHL	GROUCHO MARX
PHIL SILVERS	PHYLLIS DILLER	LARRY FINE

1950'S INVENTIONS

50 The first commercial color TV broadcast on June 25, 1951 was viewed by...nobody! The only color sets were on the studio.

```
M M I M R R T T R Q Y R Z K J R M
B P N T E N X Y N Z D D L G E P M
O F T L Z N H D K V H W I S I S G
I R E W I V E G N T E L A H V N P
D E G D S Q G P K A H L C P B A O
A K R W E X U P A O R O C L Q C L
R A A D H R T I O T R T A R R M Y
R M T H T L F L D C O C R L O U P
O E E G N T I Z I P K E L O Q N R
T C D W Y E L M G B A I D F F I O
S A C M S K G L O J P P B I F M P
I P I L C X N X Q E M X E W V U Y
S R R D I Z I C H F Z X V R K L L
N F C H S H L T J T T K V D B A E
A T U R U M S H W J L R M G W W N
R V I Z M P M A L C L E E H W T E
T M T C B M O B N E G O R D Y H Z
```

SLING LIFT

MICROCHIP

LIQUID PAPER

POLYPROPYLENE

GILHOOLIE

WHEEL CLAMP

HYDROGEN BOMB

MUSIC SYNTHESIZER

VIDEOTAPE

TRANSISTOR RADIO

INTEGRATED CIRCUIT

ALUMINUM CANS

THE PILL

VELCRO

BLACK BOX

FORTRAN

LASER

PACEMAKER

1950'S EISENHOWER

51

Eisenhower was seen as a strong and decisive leader, both domestically and on the international stage.

```
Z X L A R E N E G C C W F Z V M N
L Y C T N I O P T S E W V K F B Z
L K R T C W T N E D I S E R P X T
T W R A R O A N A C I L B U P E R
H O E G T E M S M I J R C N J Z Z
K R C T L I W M H P B Q Y Y T C R
M L I O R D L O A I Z M A N D K A
S D F T F D A I H N N D U G P E W
T W F A K O L V M N D G D L F Z D
A A O N A C B G I F E E T O O U L
T R Q A B T T H M D D S R O O C O
E I H C I R R L M W A C I D N Z C
S I K I L I L X I X E R E E T K Y
M M T R E N C G E K M I L M N B N
A Y V E N E H T L T M D F R T J K
N T R M E T R P Y A C W Y D M R Z
G P S A S N A K M L J R D T Z K D
```

AMERICA	EISENHOWER	ABILENE	PRESIDENT
D DAY	COLD WAR	AE FORCE	REPUBLICAN
DAVID	MAMIE DOUD	KANSAS	STATESMAN
DOCTRINE	COMMANDER	MILITARY	TEXAS
DWIGHT	WORLD WAR II	NATO	WEST POINT
GENERAL	WASHINGTON	OFFICER	COLUMBIA

1950'S ICONIC CAR MODELS

52 The untimely death of legendary actor James Dean in his Porsche Spyder made this racecar iconic overnight!

```
N C L L N K X E N L E X U L E D E
T O P A C M C C P Z R D Q L B E N
H R B Y K Q M R Q E L E Z Z L G A
U V L O N R E O E V L H D L N R L
N E B R P M M F N T V D I Y V L R
D T H H I N H K S P S V O E P S I
E T Y E V J W S L T E A N R U S A
R E R X B V N A N N A I M P A G F
B E C Y R R P T N C L R E D A D T
I A A Q R Q R O Z T L R C L A E O
R N T Y Z U B R S Z S I A H N O K
D I A D R L T E B O B X P O I R R
C B L B P B R N N Z I E R P A E B
T R I Q M C R I E E C O L L E G F
L U N L V N C N Z C C G Y A F R R
Y T A R T C E L E B Z K D F I L Y
R E N I L Y K S N K S T V H L R T
```

FAIRLANE	ROADMASTER	SKYLARK	GALAXIE
CRESTLINE	TASK FORCE	CORVETTE	DELUXE
BEL AIR	BONNEVILLE	ELECTRA	SPYDER
CATALINA	STAR CHIEF	CENTURY	CORONET
PREMIERE	THUNDERBIRD	TURBINA	ROYAL
SKYLINER	SUPERSONIC	ELDORADO	CLIPPER

1950'S FAST FOOD

1950s diners were sometimes referred to as "greasy spoons" due to their casual, comfort-focused menus.

```
J F J I G T R J J K R M S L P N N
A V D H N M N N R R O V K O T W
C L F N T N G T X M S Y T H M T
K M I T I K O G K E V T S E I A L
I I L T D E H U P K P T L T C D S
N S M K T L V O T I L T N O A L T
T T B T V L W I Z B S H B R Y L U
H E R K Z T E Z R A U E M K G S N
E R K Q L D A C C D L R V F N N O
B S O X Z H Q E A L C X G O M E D
O O N R U L T T D E D I S E Y E N
X F X T R I L J P E S N N F R P I
L T V N H A M M N K E A P O G W K
T E Y W V Z B N D W M P R K S E N
R E D P Y R Y S S R J R C S F K U
R N C M C S D L A N O D C M Q B D
G N I K R E G R U B T K D P T N D
```

IHOP

WHITE CASTLE

KRYSTAL

MISTER SOFTEE

TACO BELL

BURGER KING

SONIC DRIVE IN

DUNKIN DONUTS

TWO PESOS

LITTLE CAESARS

JACK IN THE BOX

IN N OUT BURGER

DENNYS

MCDONALDS

SBARRO

PIZZA HUT

KEWPEE

SWENSONS

1950'S MALE NAMES

The popular names from the 1950s reflected respect for tradition. The top names of the decade: James and Mary.

```
V G D H Q Z T N M D R K N A L A N
M Z L P F K N R N U Y T Q J M T Z
T B A E R R G Y S P Y K S H O P T
M M N S L T A S R R J A C R X H K
F A O O R L E N O A M F H I B T N
S C R J R L B B K O G E M X R V K
E P M K L P E R H P N E V E T S M
M R Y T I R L T I R R U H T R A H
A R C L T E N T Y A L R C P T P E
J F I M A W M K N D N R H H L V C
Y H K H M M M X J A K A A A D K U
P L C F G D A E K V V N R R R F R
Y I F L L L R I N I T D L O A L B
M D Q A T R Q Y L D C R E L H D N
R N N N Y Q N K M L H E S D C R T
G O R A R E T L A W I W G F I N X
D Z B D R B L X V G W W J N R H T
```

JAMES	WILLIAM	STEVEN	JERRY	FRANK
MICHAEL	RONALD	GARY	WALTER	HENRY
JOHN	THOMAS	JOSEPH	RANDY	ALAN
DAVID	MARK	DONALD	RICHARD	RICKY
ROBERT	CHARLES	BRIAN	ANDREW	BRUCE
ARTHUR	RUSSELL	HAROLD	PHILIP	RALPH

1950'S FASHION

Hats and gloves, were staples of 1950s fashion that women often wore to complete their outfits.

```
S Y T E K C A J R E H T A E L L Z
S T A O C G N I W S N F G R R P Z
E T R T S S E R D E L G G I W P E
S R B A N M R H P L H A R B T S N
S I A F W E X Y M F B T O D U L S
A H L L P H M K T H X B P O F S E
L S L A C R A R C C B X L K E R S
G N E N D M I T A Y L B H O G H S
N A T N Q Z U N S G N X H Q E T E
U I F E F L L O T A R S M L K A R
S I L L C X C J P D S E L C T H D
E A A S B K M R J E R H D F Q A N
Y W T U S R E M G Y A E N N Q R U
E A S I X T Z D J T G N S F U O S
T H N T E X E H S T X L Y S B D Y
A G L P D W L N D D R G N R K E K
C D R E T A E W S R E T T E L F C
```

FEDORA HAT
WEDGES SHOES
PRINT DRESS
FLANNEL SUIT
SHELL HATS
SWING COAT

LEATHER JACKET
HAWAIIAN SHIRT
UNDERGARMENT
CAT EYE SUNGLASSES
PETER PAN BLOUSE
LETTER SWEATER

BALLET FLATS
SUNDRESSES
STRAW HAT
BOBBY SOCKS
WIGGLE DRESS
CLUTCH BAG

1950'S SCHOOLS

Recess was a cherished time for students in the 1950s, often spent playing games like tag, jump rope, and kickball.

```
G C R K G S L E H C T A S P I M M
K X D G T M O C R E T N I R N R R
N R Y R H T K N S D E K G O K O E
E M G K C M F U E L M S N J W F T
N N N F N T C I U P K T N E E I I
A B I V R A T R L O P O L C L N R
J C L H B U E R O M I I C T L U W
D A L A C D B B Y T S H D O P M E
N R E V I A N B A T A T Z R I S P
A B P L Q R M G E L O R R M Z L Y
K O S K O D E O K R O F E I D A T
C N F H C R M B T L B O F L P T M
I P G F G G O N O T G A G V Q E L
D A H E D A H D W R I B N P D S J
M P S R R S E L A C S D V D B T R
Q E L D W X Z P V C X R V N S W L
R R M Z M V H X S K O O B T X E T
```

TYPEWRITER	DITTO MACHINE	SCALES	ROLODEX
HORNBOOKS	DICK AND JANE	DIP PEN	SATCHELS
FILMSTRIP	RUBBER BANDS	UNIFORM	INK WELL
PROJECTOR	SEGREGATION	ABACUS	SPELLING
MIMEOGRAPH	CARBON PAPER	RYTOFF	INTERCOM
TEXTBOOKS	CHALKBOARD	SLATES	SLIDE RULE

STORES & SUPERMARKETS

57

With more cars around, supermarkets enticed their customers to shop with them by offering free parking.

```
T K G K P N Q S L L I H B L L S M
J T W N O I N U D N A R G R H X L
R S Q R P L W S O M J J L P P U M
V D P L H P M A R N M T L L C N X
M L N M H Q P F G J I A A K M S W
S E G S E R K E T G R T Y R Y C G
L I Y B R A Z W E D I N S O G A V
B F X S V L V A K T W M T O A E S
F L H N Q P L Y S R N B B N G N T
O L Z Y B H K N A F K A D E N A R
O A N V I A S L B N O P R A L Z D
D H W R G B Y R T L N O M G A S R
F S D E B E E M E M Z F D Y T E Y
A R T M E T N B K N F H R T G W D
I A B W A A R L R U S E T O O T L
R M K P R C A T A H G I R M M W X
H Y L T N F B K M N W K E W N Y N
```

MERVYNS	DAGOSTINO	BIG BEAR	TARGET
KROGER	MARKET BASKET	LUCKY	ZAYRE
GIMBELS	KAUFFMANNS	W T GRANT	HILLS
SAFEWAY	GRAND UNION	RALPHS	EISNER
A AND P	MARSHALL FIELDS	FOOD FAIR	BARNEYS
KRESGES	FOOD TOWN	ALPHA BETA	KB TOYS

1950'S WRITERS

After nominations in 1947 and 1950, Hemingway finally wins the Nobel Prize for Literature in 1954.

```
Q G V N D C D J M F K X Y J Q A T
L A J C O A R D Y E A V A P Q L T
R R R M R U S S Y B N N W B K L W
A T V W I O E A E W R N G T Y E J
L H M T S R U L S H E W N S T N A
P U V N L E S I N I T R I E Y G M
H R R H E K S N I T S M M T R I E
E M B J S K R G K E A M E U U N S
L I A N S C K E D Y P T H H B S B
L L T Y I A M R E N S T T S D B A
I L W B N J W L R L I H S L A E L
S E H J G R S W F G R F E I R R D
O R K W V G A W L W O T N V B G W
N B L M N M K N A P B M R E Y M I
H Z G I Q F R N D M Z L E N A K N
Q R K H T O R P I L I H P P R Q P
N O S K C A J Y E L R I H S D R G
```

ALFRED KINSEY	RALPH ELLISON	E B WHITE
KINGSLEY AMIS	RAY BRADBURY	PHILIP ROTH
AYN RAND	SHIRLEY JACKSON	NEVIL SHUTE
DR SEUSS	BORIS PASTERNAK	J D SALINGER
ARTHUR MILLER	ERNEST HEMINGWAY	JACK KEROUAC
JAMES BALDWIN	ALLEN GINSBERG	DORIS LESSING

WOMEN IN THE 1950'S

In the 1950s, women faced limited job opportunities, low pay compared to men, and were often fired if pregnant.

```
D M T Y T I C I T S E M O D R L Z
T R L L C Y T I N I N I M E F E P
J P S P K G V N K D S M P F R V N
H A B V Q T B C D E X R K I E I G
M S U M L R H F T D E K X W K S T
H S L L O E T E C X G X E A S M
O I C P R D E P N L K Z Q S M I A
U V F E K U E A U T A G Y U E M R
S I S W Q N G M R T C D T O M B R
E T G I D E Z G R E A E Y H O U I
W Y T A L F D S N U H T F L H S A
O E N E M G I R D I O T I R I K G
R T G P K B A G T N P M O O E K E
K S C I T E M S O C A P A M N P E
X R N R M C D X K G Q R O L Z X F
T S R I F Y L I M A F T R H G R D
R T D E M O O R G L L E W E S M R
```

HOUSEWIFE
ETIQUETTES
REPUTATION
MARRIAGE
DEPENDANT
FEMININITY

SHOPPING
OLD MAID
ELEGANCE
LADYLIKE
PASSIVITY
COSMETICS

HOMEMAKER
HOUSEWORK
WELL GROOMED
DOMESTICITY
SUBMISSIVE
FAMILY FIRST

CHORES
PERFECT
CLUBS
GLAMOUR
MOTHER
ERRANDS

1950'S TOYS

The Barbie doll was first introduced in 1959 by the Mattel company, it was inspired by the German doll 'Bild Lilli'.

```
B H K E S U O H L L O D S X D M F
S M R O F R O L O C N K N D Y I E
X S E L F K Q Y L C C D S K S N E
D X P T D Q V Y W O T R L P T I D
X D P A X A P D L K A R I A E A T
M Q O B C D E B B C T N T T W T H
N F P W L E D H X J N T T T Y U E
R C N M O O P O O I V T L I S R E
E T R N O O B I N T O B E P T E L
T T O W C H L G L Y A T P L E P E
S V C M C L T Y T O G T E A B I P
A Z T T X O H R W M T P O Y H A H
M G A Q P P A R M I L L P P D N A
W M U S X I K P Y G L L L A R O N
E B L M N Z N M P Q T L E L R M T
I F F S B Q N L K G Z K Y M J Z N
V H H Q R Y Y H T A C Y T T A H C
```

CORN POPPER	MR POTATO HEAD	BETSY WETSY
WOOD BLOCKS	VIEW MASTER	SPACE PILOT
GUMBY	MINIATURE PIANO	TOY TRAINS
LITTLE PEOPLE	MATCHBOX CARS	WOOLY WILLY
SPINNING TOPS	FEED THE ELEPHANT	DOLL HOUSE
CHATTY CATHY	PATTI PLAYPAL	COLORFORMS

1950'S BOOKS

61 On July 16, 1951, The Catcher in the Rye by J.D. Salinger is published, giving a new hero to teens everywhere.

```
M I Y R I A H C R E V L I S E H T
G S N V C Q B F G R P T G B Y T W
H E C V L R P T M B H R T X R H M
C I P Y I J E L H E B H V W E E N
H L D A L S M L B E G K O M T C I
A F B D R F I E L I F N D O S A N
R E D E L E L B N E T A B D Y T E
L H C H Y L N F L H Y O L D M I S
O T J T N Q C I E E R D R L S N T
T F K E H F D R R I M C L W I T O
T O M Z N G O C T E T A L O T H R
E D V I M A I M Z N H G N V N E I
S R C E D T Q N K J M T P B A H E
W O D S T R R C F D Q M A N L A S
E L N T T P M N K H L P T K T T K
B E L T T A B T S A L E H T A R D
E Y R E H T N I R E H C T A C T J
```

SEIZE THE DAY

I ROBOT

INVISIBLE MAN

NINE STORIES

CHARLOTTES WEB

ON THE ROAD

THE LAST BATTLE

THE CAT IN THE HAT

LORD OF THE FLIES

CATCHER IN THE RYE

ATLANTIS MYSTERY

THE SILVER CHAIR

OLD YELLER

NIGHT

THE FALL

THE BELL

NIGHT

KATHERINE

1950'S BEAUTY BRANDS

Pond's was known for its cold cream cleanser in the 1950s, which was a staple of many women's skincare routines.

```
T  K  V  N  R  C  L  K  C  I  T  S  P  A  H  C  N
H  D  Q  L  F  E  L  K  T  W  X  N  Q  E  N  B  E
K  G  Y  L  N  H  T  A  Y  O  G  N  S  N  O  C  D
M  Y  R  A  B  F  L  G  R  C  N  T  N  E  S  H  R
K  L  H  P  K  A  L  N  V  I  E  L  C  U  E  M  A
N  C  C  N  G  N  P  V  L  E  N  L  F  T  V  R  H
D  L  E  M  M  I  R  J  L  V  L  S  O  R  E  E  T
N  M  M  F  E  L  M  A  D  E  F  D  N  O  N  H  E
I  K  N  A  C  N  U  R  B  M  I  N  B  G  C  T  B
V  K  E  Q  X  D  I  E  E  E  C  O  T  E  L  O  A
E  B  K  M  E  F  N  L  S  V  O  V  K  N  L  I  Z
A  J  W  R  O  N  A  I  L  T  L  A  P  A  T  B  I
N  X  K  E  O  C  H  C  S  E  M  O  Y  N  R  H  L
E  X  Y  B  L  S  N  V  T  D  B  M  N  D  M  D  E
V  N  H  W  L  E  Y  A  J  O  N  Y  T  C  X  R  B
O  Q  L  M  L  W  D  J  L  H  R  O  A  N  K  K  L
D  R  R  J  H  K  K  A  V  H  L  C  P  M  R  K  N
```

AVON	MAYBELLINE	CHAPSTICK	BOOTS
GALA	ELIZABETH ARDEN	BIOTHERM	GOYA
REVLON	BONNE BELL	LANCOME	PONDS
NIVEA	MAX FACTOR	SHISEIDO	DOVE
OLAY	ESTEE LAUDER	WELEDA	CHANEL
RIMMEL	NEUTROGENA	NO SEVEN	CLARINS

1950'S APPLIANCES

In the '50s, Only 33% of households had a washing machine. Most people were still doing their washing by hand!

```
T E Q M B L M M M N W C F K F R T
F N R T F Y F D R V Z L M R W E Y
K O C N E V O B A Q Y J E L P N I
V H O M C G X V D T G N Q R N R L
M P F V T A T D I T O L E G O U D
P Y F G A V N Y O I O F J N T B I
K R E N L C Y O T R R A I W R E S
R A E G O K U I P I V N S E K G H
E T M R F I D U G E G K Y T A A W
C O A R E N S E M M N R H R E B A
I R K C O D R I A C D E E L K R S
U B E C T A N C V R L M R L F A H
J N R K T K H E E E A E Q T G G E
V I N O M I N H L C L N A L K V R
A X R W N C S N C B Z E K N Z T Z
K K H E M A P Z R K T V T K E Z T
C F J M W R R E C I L S D A E R B
```

ROTARY PHONE
WASHER DRYER
TOASTER
RADIO
REFRIGERATOR
BREAD SLICER

BLENDER
GARBAGE BURNER
IRONING MACHINE
AIR CONDITIONER
VACUUM CLEANER
COFFEE MAKER

DISHWASHER
OVEN
TELEVISION
JUICER
CAMERA
CAN OPENER

1950'S HAIRSTYLES

64

The poodle cut was a popular hairstyle of the 1950s, frequently paired with a scarf or headband for added flair.

```
T U C E B U C K J M H T C P C K K
B T B Y G G Q E V I H E E B N M E
F U R I A H G N O L D Q J G K L G
F C P D M B H S G U U B N O T R N
Z N K H V W G Z C I K I O L R U I
Q A K Y M I F K F M M L L B A O R
K I H V W R T F R R E H T R P D F
V L E F R A W P E N T R U E E A K
T A A A I T N P I B J P C A D P C
N T D L F Y U M N X B C W K I M I
A I B S T P A C H R I W E E S O H
F R A E Q G A N E O U E R R P P T
F N N H K X L G Q L T B C Q N R C
U W D A D M V N E X D C E U J N G
O T C I X L R Q N B Z O O D T R N
B N X R L I A T Y N O P O M I K J
W B O B T F O S K C L Y F P B S J
```

BOUFFANT	POODLE CUT	HOT COMB	QUIFF
PERMING	SIDE PART	HEADBAND	PAGEBOY
PIXIE CUT	GAMINE LOOK	SIDEBURN	BREAKER
FALSE HAIR	POMPADOUR	CUBE CUT	WIGS
DUCK TAIL	ITALIAN CUT	SOFT BOB	PONYTAIL
BEEHIVE	THICK FRINGE	LONG HAIR	CREW CUT

1950'S GROCERIES

An advert from Kroger's in 1957 prides itself on having cash registers that did calculate exact change for a customer!

```
J S P U N E V E S Q F I J Y K M R
D W P B H W K R D A D T T N V L M
D R D M R T V M O F L P K N R O Z
O B P R A D Y C M B F K Z U W R Q
P O E E P C L Q B A G D Z B C I L
B E H T P A N Y N U P M R I M A R
Q F B O T P N A L T G S H T Z L L
S A T S O Y E B V H M L Y R L C U
H C S H Y Y C R G T Q A E M Z S C
A S T T L L I R H T R U Z S W S K
K E A I X L L T O P H F A R L I Y
E N G M W P G K S C R D I K J M S
N R V S X N R N T I K G T H E N T
B X B V A A A R T C H E D K R R R
A P T T F E Q O T T W G R B P Q I
K H V T C T S J S P T F Z L C C K
E T X O P L H Q T J M W B N B F E
```

BUNNY
TANG
QUAKER
STAG
FRITOS
THRILL

VAN CAMPS
MISS CLAIROL
OCEAN SPRAY
BETTY CROCKER
SHAKE N BAKE
LUCKY STRIKE

WRIGHTS
SEVEN UP
YOOHOO
NESCAFE
ALCOA
DR PEPPER

KRAFT
JIF
SPAM
SMITHS
HI C
BUGLES

1950'S MALE NAMES

In 1957, Sputnik 2 was launched. On board was the first living creature to travel from Earth into space, a dog named Laika.

```
D R E T E P N T R Q M B Y S L H S
L X B N K J D X N L D T T N N T C
M Y I T Y P A D B C A A Y D I H O
C D L Y V A N C M Z N R R G V T T
L T L X R P W Q K L L A R D E E T
Z L Y Y M M I J E U W E A Y K N Y
L L A D N A R Y A D G L L T Y N R
Z M N K Q Z J P E O E E H N D E R
W V R N N K Q E R S U V O J L K E
G S N O W W H Y F M A H N X D S T
V R I M D L Z P A F T L W N T R Y
G L N N A N R S Z N R Y G E X G H
E Q Y T N L E A A K Y E P U I P T
O Z N R I E F Y C G T H Y A O M O
R P N B E B D P V V E T R W F D M
G N A L L B L G W N H C X T X R I
E L D T R L L V T R E G O R N M T
```

KENNETH	DENNIS	JIMMY	GREGORY	SCOTT
PAUL	TIMOTHY	CARL	ROGER	DALE
LARRY	EDWARD	KEVIN	DOUGLAS	PETER
DANIEL	JEFFREY	CRAIG	TERRY	WAYNE
STEPHEN	GEORGE	JACK	ANTHONY	DANNY
RANDALL	STANLEY	BILLY	RODNEY	SAMUEL

1950'S SPORTS FIGURES

Alaska becomes a state on January 3, 1959; Hawaii becomes one on August 21, adding two more stars on the flag!

```
Q W B B N H N A G O H N E B F B N
R I B K O A K D V D Z K C V O D S
K L I Q S N V N U Y P N J B M Y N
R T L E N K J C R K R X C L A V N
O C L L I A I L D Z E O V M G X O
I H Y T B A M G C B U S E R A K S
L A M N O R B Z L S M I N L G M N
I M A A R O R Y Y M L E O I Y Q H
S B R M E N O N V L R G N O D N O
A E T Y I B W T I N M C G W P E J
B R I E K K N W I O N I N H T N R
N L N K C R X E T N B G Z C M I E
E A Y C A K B P L E K R N Y Y L F
M I Z I J A F Q R B T G P N C A A
R N M M N N F R Q M K B J R R K R
A W B K L M A Y B O D Y R R A L M
C K S D R O F Y E T I H W B C A C
```

MICKEY MANTLE	JACKIE ROBINSON	AL KALINE
TOM GOLA	CARMEN BASILIO	WILLIE MAYS
DUKE SNIDER	WHITEY FORD	YOGI BERRA
HANK AARON	RAFER JOHNSON	JIM BROWN
ERNIE BANKS	BILLY MARTIN	BOB COUSY
BEN HOGAN	WILT CHAMBERLAIN	LARRY DOBY

1950'S CLASSIC CARS

Featured in hundreds of Hollywood films, the 1955 Chevrolet Bel Air was the most iconic car of the decade.

```
K L X J K H D Q G V O K Y C T K L
B N T T W R U R E L S Y R H C C L
T U J V A Z R M D J T M U H Q N P
Z P I H R E W S B W R N C T S Q R
D B N C L Y M V B E L Y R R P A N
Q A Y M K O T H A T R X E E C N N
P L I T B Y T U E M Z M L D Y K
K A K I N R S M K L R R Y B Z J Z
D F L J A T L G N O R T S M R A B
P E Z B I Q H T A R T R W A L R D
L C A N T J B M M V G Y R R I R C
Y O A C K T N O L E K R E S A J I
M C T I T T C R L H Q G T K H L T
O L F O T Q Y R I C D O C Q B C R
U F L O S N Q I H O L A M T Z C O
T N P K R E O S D L P G L Z G H E
H R P J J D D P C A L L I D A C N
```

CHEVROLET	PONTIAC	CHRYSLER	ABARTH
PANHARD	MERCURY	BRISTOL	BUICK
FORD	DODGE	CADILLAC	DE SOTO
PLYMOUTH	HUMBER	NASH	HILLMAN
OLDSMOBILE	MORRIS	RAMBLER	PACKARD
ARMSTRONG	AUSTIN	CITROEN	DAIMLER

1950'S MAGAZINES

69

"Life" was one of the most prominent weekly magazines in the 1950s, best known for the quality of its photography.

```
H T A E B N E E T M X X N K N I W
D N A L E I V O M R Q X E E F L Q
P T N N T N D W L Q T S U N L C C
L Y R O T S E U R T Q G O K E O I
N O N J H D E Z N U O I M K S N T
R A O K K O L F I V T R M N R F N
T R C K S L B R I A J R K M U I A
P A L I X C E B N L W C W C O D L
H B H W R R R E I P H O J C Y E T
O A M C N E H E T E M N M A T N A
T Z L J E T M C E A S F L L I T E
O A M D M M R A N N L X R L O I H
P A X D O R O B E C L I Z S D A T
L R L R H M J H H H A A R P M L K
A H X D Y N G A G L T W N K M M P
Y H B K M D R Y F J M C L D X G R
N K N D T M J Y L K E E W Y M X Z
```

MY HOME	THE AMERICAN	CHARM	PHOTOPLAY
FLAIR	DO IT YOURSELF	WINK	WOMAN
HOBBIES	THE NATION	LIFE	TEEN BEAT
MCCALLS	SCREENLAND	VOGUE	MY WEEKLY
ESQUIRE	CONFIDENTIAL	LOOK	MOVIELAND
TRUE STORY	THE ATLANTIC	BAZAAR	HOME CHAT

1950'S WRITERS

In 1953, Edmund Hillary and Tenzing Norgay became the first climbers to have reached the summit of Mount Everest.

```
M W Y R B R H K R T L N W J Y B Y
H N Y N H J X J G U L S P N Q C C
J F E R A O N B N G R E E T A M L
O R S G N H O D I E C H T R N X Q
S A E U N N S O E N Q T O T N H Z
E N K N A C E D L N V R P G E E N
P C N T H H H I N O I A A R F R M
H O E E A E T E I V A B C A R M L
H I K R R E A S E T N D N H A A E
E S W G E V M M H R F N A A N N O
L E Z R N E D I T U L A M M K N N
L S D A D R R T R K E L U G C H U
E A X S T N A H E H M O R R C E R
R G X S T K H L B R I R T E G S I
N A H R V M C H O K N D T E T S S
Q N R M L V I T R H G C M N R E R
N K S E D E R A P O C I R E M A F
```

KURT VONNEGUT   AMERICO PAREDES   ANNE FRANK

HERMANN HESSE   GRAHAM GREENE   KEN KESEY

TRUMAN CAPOTE   FRANCOISE SAGAN   LEON URIS

GUNTER GRASS   ROLAND BARTHES   IAN FLEMING

HANNAH ARENDT   ROBERT HEINLEIN   JOHN CHEEVER

JOSEPH HELLER   RICHARD MATHESON   DODIE SMITH

MEN IN THE 1950'S

The average annual income in the US was $3210 in 1950, that equates to approximately $34,000 today.

```
I K P C N K H M K H F M Z K S M B
N F E C A L P K R O W R B S B J P
T A Q G D R K C J L C Y E S O D X
E M Q M E V E V M O T C S E J N L
L I D Q Q L R E N I C O X Y D R G
L L Q L Z L L T R U B M D T O O M
E Y R C R C R O S S Q N G I S Y M
C M I D V O H L C K A N R L T T G
T O N D L T W F R B K E N I R I S
U N C R U Y A S S M P K C B O N N
A I O A D T D U N U X R C O P I O
L E M X H G H R S A B Z Z M S L I
X S E E B N L B Q V M W L B W U S
Q F R Q Q Q S S E N I S U B N C I
T M X S R O O D T U O G R W K S C
T R E N N I W D A E R B K H N A E
W Q N C C H C R A I R T A P T M D
```

JOBS	BREADWINNER	BOSS	SPORTS
HUSBAND	FAMILY MONIES	CAREERS	AUTHORITY
FREEDOM	PATRIARCH	FATHER	SUPERIOR
INCOME	INTELLECTUAL	COLLEGE	OUTDOORS
CONTROL	MANS WORLD	MOBILITY	DECISIONS
BUSINESS	MASCULINITY	SUCCESS	WORKPLACE

1950'S FEMALE NAMES

Although it didn't quite take off the way TV did, the first commercial computer, the UNIVAC, came out in 1951.

```
K N Y L O R A C J T J R J R K F Y
N G T E S O R G A E R T Q B G M L
L O P E B R Y R N L I M L L M Y R
L Z R N Y D U J E C L B O I T N E
Y D R A C Z Z J T E Z R B T S S V
R O E I H J G M N L I C E E H A E
E R B D N S D I A A I B B I D X B
H O E J G A T X A R Q A R X N X H
C T C R P S L D K X G L G I Y C T
I H C D I E N U Q B E A B Q A K E
N Y A R C E K N A Y T O R T M Z B
D Q H I R A W X L P R E H E M M A
Y C N B T E I N N O C E R N T Y Z
L A V H C C P D Z K R Q M E V L I
J K Y M F Y Q Z R I W I V Y S T L
X H M T T O F G N M N N T D Z A E
Z M B R G J B E F T R C K A T L L
```

DIANE	PAULA	JUDY	REBECCA	RITA
BRENDA	ELIZABETH	DEBBIE	SHIRLEY	GLORIA
LISA	CHRISTINE	JOYCE	CAROLYN	ROSE
JANET	MARGARET	BETTY	SHARON	GAIL
KATHY	DOROTHY	TERESA	BEVERLY	CHERYL
CONNIE	CATHERINE	CINDY	ROBIN	JANICE

1950'S CHILDREN

In the 1950s, children often played games in the streets. This was much safer as there was far less traffic.

```
S R E K C E H C K H X M F R K Z G
G G C Y K K Z N C M O P S Q T N V
F B N R B D I T K N C E H V I S G
W S C I P R O C O V L L S K E Y M
J M C R R C S P K B G H I C B E U
S N N R S O O E R T O B A N O P S
K D Y P A L L A M W H R D B X O I
O E O O Y P M O S A X E C R I R C
O H E Q Y P S K C O G C C S N P A
B S R S W O Y S B K O D P A G M L
C K C B D Y S P W Z R Y R C N U C
I C T R F N A G C A F K L A Q J H
M A O G A O A P L J P V T X C G A
O J Y Z S B N E H J A P W X Z L I
C S S E H C B G D N E B I D G L R
L L B L W P Y L N I L K R N P Q S
T E M A G G A T E K H G N C G J F
```

LEAPFROG	HIDE AND SEEK	MONOPOLY	TOYS
MARBLES	COMIC BOOKS	JUMP ROPE	I SPY
SCRABBLE	MUSICAL CHAIRS	CARD GAMES	CHESS
BOXING	SOAPBOX RACES	TAG GAME	BIKING
TV SHOWS	KICK THE CAN	HOPSCOTCH	JACKS
CHECKERS	SCRAPS SWAPPING	COLORING	YO YOS

1950'S HOME

Houses were generally fitted with central heating, making the TV the focus of the room, rather than the fireplace.

```
P B R T N Z X N C F C S P T Z N S
K R J A H G M T I I L N N F K P T
C R F M N N B A M R L R T K A M T
W I O C N C W B A E Q E M R A J E
C K R E I R H L N P M T D B C N L
C N J T H T J E Y L Z T Z T C L B
L O D K E L S W D A X A H L E I A
S T L L L M E A D C G P I I S V T
E T N O K T O R L E N N S D S I E
N Y L K R P P E R P E U O K O N E
I P K R C F C Y G N R O C P R G F
L I M L J I U D S E W G L G I R F
N N P B M R R L Z D C A B D E O O
A E N A M Y Z B R Z I Y Q M S O C
E M R L N R D A J D H Y R Q K M L
L E B H R N H Q S S T E P R A C H
C T S A R T N O C I T E H T S E A
```

DYNAMIC	GEOMETRIC	CERAMIC	BRICK
HARDWOOD	COFFEE TABLE	PATTERNS	DRAPS
COLORFUL	LIVING ROOM	KROEHLER	RANCH
TABLEWARE	ACCESSORIES	LINENS	PLAIDS
LEISURE	KNOTTY PINE	CONTRAST	CARPETS
AESTHETIC	CLEAN LINES	FIREPLACE	PLASTIC

1950'S PERFUMES

The ideal of the "happy housewife" was heavily promoted as a way for women to find fulfillment.

```
J M T E U Q I R T C E L E R Y B H
L I D R H E H C A T S U O M M Y O
A S G I A I G D O L L E B N P H B
R S A H O P W L W L T L W N L L L
P D L C R R E B N E W D O A A M N
E I D A A C A Z M M T T L C S J T
G O C B N R K M E R I A K P L K L
E R K A Q Q F C A Q V R Z A E T O
G E C T O N J K U E O T P Q E Z R
N D N H Y L T E L S L L R U H B I
O U W C A O O L E A T L I A H R G
S A F R S N I G W R T N M M G N A
D R N C F R T E I T C X I A I T N
N E A V D M U I K G J G T R H V G
I M R A W L P K L M G D I I W H L
W E U L B M N F N L K K N F N K T W
T Q T F K Y K R N R Y T M E K H N
```

WIND SONG	FRACAS	ELECTRIQUE	OH LA LA
QUADRILLE	TABAC	GIGOLO	HIGH HEELS
DIORAMA	METEOR	EMERAUDE	BELLODGIA
PRIMITIF	TRAPEZE	BLUE WALTZ	BLACK ROSE
HYPNOTIQUE	LORIGAN	CHANTILLY	AQUAMARINE
MOUSTACHE	TOSCA	ARPEGE	MISS DIOR

1950'S WRITERS

Beatniks got their influence from the Beat generation of writers such as Jack Kerouac and his novel On the Road.

```
L V Z P N O T R O N Y R A M L Y C
M L N A L I W N L N Q J Y S R J S
D A D T C R I Y M M R O Q N F N E
C D R R M I L U S L L H T E B Y L
M I N I E S L K H K L N Y V S R W
D M V C B M I I G V E S E E A E O
M I E I E U A O U O R T T T M B N
Y R C A H R M M O M R E E S U H K
P N N H C D G I R I U I N E E S N
A A E I A O O S R S D N I C L A H
R B R G A C L H U A D B H A B N O
A O W H U H D I B C L E P L E H J
B K A S N J I M S A A C E L C O N
R O L M I T N A W A R K S A K J V
A V H I H N G K D S E L O W E H G
B P D T C H Q K T I G T J X T F L
N Y K H K Q R K T D M N D K T L V
```

CHINUA ACHEBE

SAMUEL BECKETT

YUKIO MISHIMA

JOHN STEINBECK

JOHN KNOWLES

MARY NORTON

WILLIAM GOLDING

WALLACE STEVENS

W S BURROUGHS

GERALD DURRELL

PATRICIA HIGHSMITH

VLADIMIR NABOKOV

BARBARA PYM

JOHN ASHBERY

D H LAWRENCE

ISAAC ASIMOV

IRIS MURDOCH

JOSEPHINE TEY

1950'S GREASERS

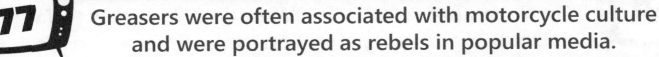

Greasers were often associated with motorcycle culture and were portrayed as rebels in popular media.

```
S W H Q K T W S Z L X R R R D K W
T C H B L N L P I Y R F P R P G K
R Y J I C E T L Z D Y T A K N Q M
E K T S T L A T C D E G R I C O H
E T K S G E J T G G R B D Z T G V
T M E A S Q T L H A N D U O X K Q
G K L L J W G S C E O I R R C W B
A L N C L M I I H R R C K S N L P
N I M G P A N T T I Y J R O U S C
G A S N O G W O C C R E A E M L K
S T B I M Z H N L H S T J C R S Y
W K U K A T X E I A B E P L K F L
V C L R D C S K E A A L M R D E J
J U C O E L L R G N H R A Z W P T
M D R W W W G T S D M C R D Q B G
T X A G R W S L E B E R V J E Y M
X P C S R E D I S T U O H H C L R
```

DUCKTAIL
GREASERS
WHITE TSHIRT
POMADE
MOTORCYCLES
REBELS

CHAIN WALLET
CAR CLUBS
HOT RODDING
LEATHER JACKET
STREET GANGS
WORKING CLASS

DRAG RACING
OUTSIDERS
SMOKING
SIDEBURNS
BLUE JEANS
SWITCHBLADE

1950'S FEMALE NAMES

On November 3, 1956, The Wizard of Oz comes to TV, introducing a new generation to the timeless classic.

```
E  L  L  E  H  C  I  M  Y  T  J  A  D  R  J  Y  T
L  A  I  R  O  T  C  I  V  E  E  T  I  P  B  V  M
V  D  G  Y  B  T  F  T  N  C  S  Y  S  C  C  N  V
N  D  J  T  T  K  E  N  I  N  A  I  Q  I  R  H  N
S  A  L  L  T  R  I  L  L  H  N  Y  L  L  R  A  F
E  R  X  K  R  F  A  M  S  L  E  E  E  L  J  O  M
C  L  Y  I  E  T  M  R  M  A  I  S  E  K  Y  E  D
N  E  D  R  B  V  A  A  L  K  L  X  T  R  N  H  C
A  N  P  I  N  M  N  E  M  I  U  M  V  N  U  F  P
R  E  K  Y  A  I  G  T  E  R  J  G  A  K  V  A  Z
F  H  A  D  T  N  Z  D  N  Y  Y  Z  K  V  A  E  M
J  R  K  N  A  W  A  L  E  R  U  N  K  R  L  I  K
W  E  D  E  I  N  B  L  L  S  K  Z  S  L  E  R  D
R  D  A  W  N  T  L  R  E  L  V  P  A  O  R  U  Y
D  W  N  N  N  E  A  Q  H  L  N  R  L  R  I  A  V
R  F  R  N  N  X  A  D  N  O  H  R  L  I  E  L  G
Y  E  L  R  E  B  M  I  K  P  L  Y  Y  T  N  W  Q
```

JULIE	PHYLLIS	MICHELLE	ANITA	DIANA
MARSHA	HELEN	MAUREEN	VALERIE	SALLY
JEAN	ALICE	FRANCES	LAURIE	LESLIE
DARLENE	KIM	SUZANNE	TERRI	DORIS
JENNIFER	LORI	VICTORIA	MARCIA	WENDY
RHONDA	ELLEN	KIMBERLEY	TINA	ANGELA

1950'S TEENS

In the 1950s, High School students were taught drivers education as a subject during the school day.

```
P M T J F N R G L L S W R G B K Y
H L A F K M V L Z R L O N P F P R
J O G G P Z A Y E V L I P I G D T
G T R K A B N V M L T Z U C T R E
V N M S E Z O B E A Q V E N D I O
S N I S E P I R D P S T K I Y V P
L E A L E R S N E W I G A C E E G
K B C E W K I T E Q N N M S R I N
M G L N A O S D U S G I A S O N I
W S N T A I B I I T I H L K T M D
K M I I T D Z M D N N C T E S O A
L N T T Y Z L K G V G T S T D V E
G H I B E T X O M C C A H C R I R
G N I S I U R C O V K W O H O E C
G K R Z H B V A N H F B P I C S J
G N I M M I W S P R C F S N E T F
L G N I L A N R U O J S Y G R M M
```

WATCHING TV	DRIVE IN MOVIES	CRUISING	DATING
BASEBALL	SCHOOL DANCES	BOWLING	QUIZZES
MAGAZINES	RECORD STORE	READING	SINGING
MALT SHOPS	ROLLER SKATING	PARTYING	MAKEUP
PET SITTING	SLEEPOVERS	SKETCHING	POETRY
JOURNALING	HORSE RIDING	SWIMMING	PICNICS

1950'S SLANG

80

Slang was used in various settings, from the classroom to the street, creating a sense of community among teens.

```
B C Q G L N W G Y E G D O L S P G
I L W M Q T W T G T H M K M C L R
T A K L A L I T V S U D P Q T L I
C S W N T C X U L B H M J T A Q N
H S K J T V K O R K W A M Y C T G
I Y A A N T F E M P Q I D F K I L
N C F G N V T K M Q S E G E K E E
E H Q C E T R A M H A C Q C S S S
L A R T U H H F I D K E X H H O P
L S B L N H T N W F H D I O K O V
I S F M G J E T X T T V R D T G P
V I Q W A R M Y U M E N T G N Y L
S S G M R L Y Z B C T K A N F U Z
T L A E D G I B L E N R N N H L B
N C P J V N L H L R A H R A G R C
A T I P N O I S S A P N L K L R L
N R E T T U B E L P P A N D G B R
```

FAKE OUT	CUT THE GAS	WIG CHOP	BITCHIN
RAG TOP	ANTSVILLE	TANK	HORN
HEY BEAN	CLASSY CHASSIS	BLANKET	BUNDIE
GRINGLES	APPLE BUTTER	GOOSE IT	SHINER
LAY DEAD	FLUTTER BUM	FAT CITY	SLODGE
BIG DEAL	PASSION PIT	SHADES	DRAG

1950'S PERFUMES

The Miss America Pageant is broadcast on television for the first time from Atlantic City on September 11, 1954.

```
L G K R A C C O M P L I C E R X H
W K N O I T C E F R E P K N I P Y
S F Y M O O N L I G H T M I S T O
T M G B A P P L E B L O S S O M U
E M F O C H A N E L N F I V E C T
L D N N H G L H G N B M L K X H
O R S D F L E U R S A U V A G E D
I A S S R O M I S S I R O I D L E
V H E T I L L E R A P A P I H S W
L C R R D I N T O X I C A T I O N
I O T E F Z H L L X X H N J J K W
R B N E R F A N T A S T I Q U E Y
P A A T B B K T R H D P V Y R X R
A C H N W L E D A N D Y N J M C G
B R C C Z X T N N R T T L W B M K
V D N F F S A E P T E E W S R G V
H K E E V E N I N G I N P A R I S
```

APRIL VIOLETS

LE DANDY

YOUTH DEW

DIORISSIMO

CABOCHARD

INTOXICATION

BOND STREET

SHIPAPARELLI

ENCHANTRESS

FANTASTIQUE

ACCOMPLICE

SWEET PEAS

CHANEL N FIVE

MOONLIGHT MIST

APPLE BLOSSOM

FLEUR SAUVAGE

PINK PERFECTION

EVENING IN PARIS

1950'S VACATIONS

In the 1950s, American families embraced road trips on newly built highways to discover the nation's beauty.

```
K R N R V L L S K R A P E M E H T
H J A S S S R A L M W O F T W A C
G B T I T H C J N R M S K N T M G
N E I G A L S E J D R T W T E C R
I A O H T M L N N P M C R M H W H
D C N T E F E B R I C A O T K M G
N H A S F Y T X L C C R R N Z N R
O V L E A R O M A T Y D T K I Y K
B A P E I T M R I M Q S R P S H J
Y C A I R H G O A L Q M M I G W R
L A R N S A N K X V N A X N V Y F
I T K G M S I W L L C P N V N E K
M I S E G N I L E V A R T K T Z S
A O S Z G Z H V M W R M R D G F C
F N S R E N I D E D I S D A O R C
K S S N I B A C E D I S E K A L D
C B S L I A R T G N I K I H G R B
```

MOTELS

CAMPING

SCENIC DRIVES

POSTCARDS

CAR GAMES

HIKING TRAILS

BEACH VACATIONS

FAMILY BONDING

LAKESIDE CABINS

NATIONAL PARKS

ROADSIDE DINERS

MEMORY MAKING

ATTRACTIONS

TRAVELING

STATE FAIRS

SIGHTSEEING

THEME PARKS

LANDMARKS

1950'S FAST FOOD

83

McDonald's "Speedee Service System" becomes the model for fast-food restaurants all over the world.

```
N T H S A L L E B I D F H S T Z J
N I K W F N Y F Z B E L K L Q E W
E K E N E K C S Q H H C M R A Z N
K R T V M T A P C T I V E K L E J
C I P J I N S R K N B F T V I E W
I S L U D R E O I F C D I D F R F
H B L Y P G D M N R F T R U K F A
C Y S Z R N O S P S K D D C C S T
S K C U Z D T T E B K C I H I R B
H R B Y X R R A L E C N A E H E U
C E T G L M K Q C M D W M S C T R
R M T R B M L T Q O Y M T S B S G
U E E S U O H E L F F A W D K O E
H N C C K M P C R T G T P B P F R
C Q W R D R E G R U B A T A H W L
N N E E U Q Y R I A D T F H V G W
L P D N J C J B G C K L M G C X Y
```

KFC
DOMINICKS
PUP N TACO
DUCHESS
SANDYS
DAIRY QUEEN

DEES DRIVE IN
CHURCHS CHICKEN
BURGER CHEF
WAFFLE HOUSE
FOSTERS FREEZE
WHATABURGER

WETSONS
KRISBY KREME
DIBELLAS
CHICK FIL A
MAID RITE
FATBURGER

1950'S CANDY FAVORITES

Popular candy bars in the 50's were some of the ones we still have today such as Snickers, Milky Way and Mounds.

```
S L L R C H T R Y R Z N C R S S G
M S G O D E I T T O C S A S E R S
N C R P N X B X X T L R N L L E H
M S P O X G I T F V L D D L T F E
T R M F I T B R G H P R Y A T A R
U O Y U S R U O O B E M N B O W B
N V O Y D I E N Y H Z R E E B E E
A M X T T M E E C S X D C R X T T
E I F G S E U N F H T T K I A I F
P F U Q S I A D Y F N K L F W L O
Z M P R L R E T K W O W A C M L U
S M L B Y T Y R F C L C C I C E N
Z T Z L D L O G O P U C E M L T T
Z K L J M N D B D L L G N O C A A
Y O Y F F A T K C A L B Q T Y S I
J K V Y Y Z Y M L L T S W A P W N
S T N I M L E T S A P X X L N W M
```

ATOMIC FIREBALLS	HONEES	LONG BOYS
JOLLY RANCHER	CUP O GOLD	FRUIT GUMS
TOOTSIE ROLLS	DUM DUMS	PASTEL MINTS
CANDY NECKLACE	PIXY STIX	PEANUT MNMS
SHERBET FOUNTAIN	WAX BOTTLES	BLACK TAFFY
SATELLITE WAFERS	COFFEE RIO	SCOTTIE DOGS

1950'S PERFUME BRANDS

In the '50s, people loved their pets just like they do today. Beagles were the favored canine companion of the decade.

```
U W T N A G I B U O H P W D J B J
O L H Y P Y L K M G T Y U R C C M
T N V C N E I W D M I B D N I O J
A R T L K L E T M J A V F R F R Z
P B I B P D T N M R K Y E J P D M
N O L N X R N W R V G H Z N Q A R
A U F K K A O Y G L T T S Q C Y L
E R O R L Y M U E N I Y E R Z H K
J J R L J T E V E L A N M L D Q Y
R O D P O R A L L S C N R J I W G
B I S H L R Y E R N M G E K O L D
C S M A G F I O L I B X H M R J L
P A I B H R D C L E T F B X D B K
G N R H U C Y L G N V L L F N R K
K W N O Z M O T L J W Y A N A D Z
G G G Q N T T R O M N L A R M P N
K T N I V N A L K C L R N N X Y Z
```

HERMES	CIRO	HOUBIGANT	GUERLAIN
GRAVEL	YARDLEY	MONTEIL	DANA
GIVENCHY	GOURIELLI	COTY	ROCHAS
BOURJOIS	EVYAN	DORSAY	JEAN PATOU
DUBARRY	DIOR	CARON	TILFORD
LANVIN	MILLOT	CORDAY	LENTHERIC

1950'S POLAROIDS

The 1950s marked the rise of snapshot culture, with people capturing everyday moments using Polaroid cameras.

```
F N P E M A R F E T I H W Y D T S
A A P Y G H M H K M N Y B P O L O
D R C F F M L S W N E Z L H J D U
E E M H V Q K A V V L M S R S K V
D M P R E K L L G N K P O E R P E
C A M I N M K F T N A T R R O N N
O C Z X R H I C Q N I U B L I K I
L T Y P T T H C S K T K A M K E R
O N F T Q V S M A C B R A N N R S
R A K M T F U W I L O R T H Z U E
S T Y N W B S P O I S J N W S T X
R S Q Z L E E M D B C M L X T A P
X N P A L R T W T N N A E R L N O
C I V F A Z C B C P T I N L B G S
L Q I U H L T R K H N M A D L I U
R E Q Q M N G D G B C Y M R I S R
S S L Q D T H G I L N U S X Y D E
```

FLASH	RAINBOW STRIPE	SELFIES
ALBUM	INSTANT CAMERA	WHITE FRAME
MEMORIES	SQUARE PICTURES	SHAKING
FADED COLORS	CANDID	SIGNATURE
POLAROID	CHEMICAL SMELL	SNAPSHOT
SUNLIGHT	EXPOSURE	SOUVENIRS

1950'S GROCERIES

Shopping Carts evolved over the years. In the '50s, a child seat was added as an extra convenience for mothers.

```
R C V G P H C G M Z T G Z G K V N
C L H K T P K M H X H C L W L W E
H R N E M G Q M M N H W N L V C S
E D H W E R Z N I E H C Z Q J D T
F Y Z N E R H W E O M R L N A E L
B S M A T V I Z K C Z H K L K D E
O T L O N W W O L S Y Q O N E J C
Y N P G Y H J N S I L C U L Z L I
A U P I I P R B M R A J A F S J R
R H Z Z W J H L I C N V N E M N M
D T C K K I K R O S A E I T N P S
E M O C N N D C B L T K S J N J H
E Q L D T Z J D T C S O F T D R C
K M G K S I W E E I B L K R E T N
W M A G X V M M R R W J O D Y A E
R N T Z D O K F S Y L E K O T S R
F C E F C Q H B N X G W K K K D F
```

CRISCO
FRISKIES
BISTO
COLGATE
DELAVAL
HEINZ

REDDI WIP
HUNTS
COCA COLA
CHEERIOS
CHEF BOYARDEE
CHEEZ WHIZ

WISK
PYOMY
FRENCHS
JUNKET
STOKELYS
FRYS

NESTLE
REAL
KOOL
MR ICE
COMET
NESTEA

STORES & SUPERMARKETS

88

The first "modern" indoor shopping mall opens in Minnesota on October 8, 1956, The Southdale Center.

```
R Y L G G I W Y L G G I P P L D S
H N C H G N K P L F F B L F Z L P
T T R E N R O C L A U S A C T S R
W N M T B S F M N R E M I T I N O
R I F L O D I M T A S X N L V O U
R G N I H N R O R S D L O B E S S
F L Z N Y E Y S Y H O K L O L B E
S A M A D S C D Y T O T O N P O R
F P R R R I N H H J F K C T L C E
N D M U W U X T T S R L N O M A I
R P S A O B R I K S E K D N V J T
S L M R H O M V E L H R N N O Q Z
M W J A W C Y P E K S N F V N Y J
H J A L C G L W T R I Q D M S T R
L L O H Z Y E E T D F Z C C R X H
R O C R S J S Q D L W O D E R A Z
W D R T N A I G D O O F H M L R F
```

LEVITZ	FARM FRESH	WINN DIXIE	JEWEL
ROUNDYS	FISHER FOODS	TOYS R US	MACYS
HECHTS	WOOLWORTH	DELCHAMPS	VONS
BON TON	CASUAL CORNER	JACOBSONS	SEARS
MINYARD	PIGGLY WIGGLY	COLONIAL	SHAWS
RED OWL	SPROUSE REITZ	FOOD GIANT	FAZIOS

1950'S COMICS

Charlie Brown, Snoopy, and the rest of the beloved Peanuts gang were introduced to the world on October 2, 1950.

```
H B K F S T E R C E S E U R T X J
Y T W C C N O I T C A E C I L O P
L M S V U R D I K S A X E T W P E
A V U K B D I W T T Z K R V Z S D
C H P N L L K M N H Q L Z L U V Y
I Z E R I E A C E H F R M O L O P
R D R O T V V C U E Q L M K B M A
E I B I T I D R K B X N N L K X S
M K O R L T N N B K I P E P Q M T
A E Y R E C P K U V N V O M J G O
N H N A L E R Z R O R I I S U R N
I C Q W I T K A T A B S G N E M I
A A M D Z E M P M W S L H H F D S
T P J E Z D N Y L F N A L H T G H
P A N R I M L L U W W P T E W L I
A P G W E V P R C K N G J N P L N
C K F T F V Y N Q M T M J F R S G
```

DETECTIVE	BUCK DUCK	APACHE KID
MARVEL BOY	CAPTAIN AMERICA	TRUE SECRETS
CRIME EXPOSED	MARVIN MOUSE	POLICE ACTION
SUPERBOY	BLACK KNIGHT	RED WARRIOR
MISS FURY	LITTLE LIZZIE	GUNHAWK
TEXAS KID	ASTONISHING	SPELLBOUND

1950'S SPORTS FIGURES

Roger Bannister became the first person on record to run one mile in less than four minutes, at least.

```
T H L E G N E T S Y E S A C P N W
A G N D L E I F T I H W L A M A P
R S Y H R L D A E N S M A S R N P
C L W Q T W E Q F N T D F R K O H
H J G E R E V S R M U Y E B N X P
I C O P H Y D E S K T N P A R N L
E Q F H L T T W E U S G I H M A O
M K T Q N R A S I P R C H N N K D
O B T I A N N M A L R L L X T I U
O O Y C T I Y H E A L E L M K M R
R B N M D T N U M I O I M I H E A
E O D E Z P E Y N N D W A X B G M
D O R N K N K P H I M D M M D R L
J L N K N C H A B X T N E W S O I
B S M N O D R P V O D A T B D E W
T O B R F T N W B D B K S V F G W
F N F R K Y R O L Y A T K C U H C
```

GEORGE MIKAN

DON CARTER

TED WILLIAMS

ARCHIE MOORE

WARREN SPAHN

CHUCK TAYLOR

EDDIE MATHEWS

WILMA RUDOLPH

ROCKY MARCIANO

JOHNNY UNITAS

MAL WHITFIELD

CASEY STENGEL

BOBO OLSON

LEON HART

BILL RUSSELL

SAM SNEAD

BOB PETTIT

DUKE SNIDER

1

```
H J X T N B G L C K N W M X B R S
X Q M B L D B O K O X T N Y I B T
L C T A X G M N I Q R N B T R Z A
H Z V J R F C T O P A T O I T J B
C M Y E O R A H D I W E O L H T I
I L S R T L I Y T S T S M I R C L
H G T I U E Y A E M S A E T A H I
P P G P M R R I G N O E R R T A T
A Q O R K I T A R E P R S E E N Y
R P C N O F T Y N M S C C F N G N
G X Z M I W R P I S C N K F T E Y
O M C F K E T L O N L I M C M Y G
M Z R M V Y L H E C O N O M Y V Q
E C V O O I R N E W L Y W E D S G
D Q C U O K P M O O B Y B A B R L
V E T N L M K S U O L U B A F D H
R H S Z H N D P R O S P E R I T Y
```

2

```
M M N U C L E A R F A M I L Y L Y
K G M M T N S S A L C E L D D I M
H N W S O K P I C K E T F E N C E
S P G Y T D A F F O R D A B L E T
D P Y G D N E L Y T S H C N A R P
O L T N Y N E R S U B U R B I A A
O C I I T R N D N P Q R L L L O U
H O C S H W U G I B I L L E E U T
R M A U N I H T P S Y F M I V T O
O M P O T O G I N S E L D S I S M
B U A H M D H H D E J R K U T K O
H T C E Y S B L W C C Z N R T I B
G I S T R L E N G A V D C E O R I
I N J E T I W N L F Y D I Z W T L
E G N P F X G K G M R S L M N S E
N W G N I V I L L U F E C A E P R
O A M E R I C A N D R E A M N K Y
```

3

```
C M L F A M I L Y F R I E N D L Y
G H K E R U T L U C P O P L K B R
T N E M N I A T R E T N E P C N R
K B S C A B I N E T V A R I E T Y
J L T Q R G S X M X T O J D T K C
D A E V R C N L C N G V T T S X X
E C S H E I R Q A R E P S M V M D
G K V L P S E S A I J T O H N R E
A N T R A S T M T D C C W E O V N
N W Y R I A S B R N T R D O I W N
E H X N R L E P Y I E O E S R A S
D I O N S C W H S Y O V N M N K D
L T B W E J Y Y I T W N E E T M F S
O E B Y K W D L G N P Z E E Z O T
G M F Y N X S C H X K N L Q V T C
S A M A R D L O E L N Q G F T I H
T S A C D A O R B A R M N G N Q L
```

4

```
Z C C A P R I P A N T S M M J Y Y
P G A B D N A H K Y R S P R K R S
T S Z P L K B W M E E S G B T E A
R E J Q E J F C W O E S Z R T D I
I L C W Q S B O H V S T C O R I L
K D J D D E L S R S S A O I O O R
S R D R L F E A N P E D R C K R R
E I T T R L C A B T R A D H S B S
L G S I D S E E A L D K I E L M T
D K A D D J R O R F G L G S I E Y
O H A A E E C J K S N O A Y C J L
O S E U T I F L E N I P N T N G E
P H L S T Q V C K W Q S X E N J
R B X T Q K O V J B S Z R R P M T
L Z E R D L F D X J M A H G N I G
M P D J G F N S T I L E T T O S V
F U R C O A T S R M C S L R A E P
```

5

```
Y R H K S G N I R O V A L F N R M
Y S V S O D A J E R K S W X X I F
M Y M I L K S H A K E T R R V C S
L A Y K E Y T L S C F L W J J E O
S D R W L N D N G P K A B F X C C
O Y N S B T K R N R O M G O Q R I
D P E N R G C D I S F H B J Y E A
A P O A A T P I R N W E S L T A L
F A N C M J F O S U K B P A D M H
O H L K R B L N G U G S M G D Z O
U R I S H R S H J K M S L K N O B
N D G L A O A S C O U N T E R V S
T M H P D N H C B Y N M K O Q Y L
A Y T A G T K L K X W V V L R T N
I V S O O P Q K S R E G A N E E T
N M U O E R E H P S O M T A C C W
L T B M D S L O O T S R A B X H K
```

6

```
E N L I P W O L I V E L O A F T Y
O V F D K D J C N S M K Q E Z C C
J W H S Q A A E L M S T I R R M H
Y P E Y G N M L L E Z P P E K B I
P A V T A G A U L L N Q A F S B F
P R L P S B E O R A O M Y L T Z F
O G E A W F R D I C Y S V Q R L O
L S L O K E E I E D I K A L O P N
S X N H S I A E I L N Z R L G U C
M S T S Y W N P B Y I N G Q A D A
V L A M A Q K G C T Z V M L N D K
D C T H P M P N T L Z F E Z O I E
T A K S A L A D E K A B O D F N R
A M B R O S I A G M R M L N F G G
L E K A C E D U F T D X D S K G S
X M E A T L O A F K E H L I L U M
M W A L S E L O C W T P M N P Z E
```

7

```
H V F M R M A H G N I K C U B Z H
K S R N E Y X M R B R F L D N K C
K Y Y I D T H P L Z E T R N E L L A
L M T I S C N R I C C J E N Z X O
J B U G N R T G T R R U Q O G B C
Y O A N I A N B O F Q V Z I Y A N
Z L L I M N N W Q W T H I T G N E
J S S T T O N O E P L I X A N Q D
A R R A S M L N I K H B L N L U L
N C E R E M O N Y T R M V O F E O
O Q T I W Y B L E O A L R R O T G
I T P E L V N B A R T R M O K R T
N T E S D O A D M Y J H B C T V B
T J C Q D Z C P T R O H R E L T R
I L S N I A W C P Q L R T O L D G
N G O L S N B E N G L A N D N E V
G L E T T I V E G R O E G L T E C
```

8

```
D B M O B H H F V M N V N G J N M
S E T A T S D E T I N U V L M I C
E K T M P R P R O X Y W A R S A L
C K C B E R L I N W A L L J R T N
N C A M S P A C E R A C E H T U O
A H P S R I V H M G C V D G L U C
I U W F O A S C C O X K W O G C L
L R A S B W I M Z T N T B R N E
L C S M U J I M R R M A K M N O A
A H R B J E U E A C N P Z T P R R
W I A C R N Z W T X N N S T T W I W
H L W P I L N C M U T A N J D P E
Z L G S Z A K G R A N E B F R F A
B Q M M E T X R L I R I I U G M P
P C K R G T L I D W S K O V C P O
V J O N Z T N M R R J X N P F N
M K R K Y Y Z K N N M X S M K M S
```

9

```
K V R O I V A H E B R E Y U B Y L
E N S T C R R Q M A R K E T I N G
R M L C D A L M B R E L N R B N P
C H O T I T P R J C F K H C L O M
G S P C B N A I N D X J K J C I S
N Y E T N N O E T G E V Q D O T H
I F D L D I U R M A M M F N N C O
P T I B L E A T S L Y A M F U P
I N N L F A S L I C T I Z N I D
T G Z F T S R R B K E B S B D O I
R Y A Y M D E U X A K L Y M E R N
E J M E V M K T D N S R E K N P G
H D B U M J N R M Y O K L C S M
D I N S H H M K Q L F K P H E S A
A J N C R E D I T C A R D S R A L
T O A D V A N C E M E N T S I M L
C B M O O B Y M O N O C E K P D S
```

10

```
K J S R O O L F D E R E K C E H C
A L L D A Y B R E A K F A S T Y M
D C C H R O M E A C C E N T S R A
I S R E N I D R O T E R S U Y S L
S H T O O B L Y N I V H N N T T T
P N E O N S I G N S O V T E I N S
O M L A V K T T E R D U P M N I H
S K V N M L T C T X O J K Y U O O
A Q L L T E I O S G R R R T M J P
B L M P R R R B N R X L J F M R K
L Q L Q P D Q I D T E L N I O E R
E G T W E F G T C M B T Q N C G M
I P O R M N Y N J A T Z S N X R R
T L M K A B R C X R N C X O R U B
E B D H L F B T X Y T A G Y P B Z
M L J C O U N T E R S E R V I C E
S L A I C E P S E T A L P E U L B
```

11

```
B Q Y M G R Q M W L E S C T J L L
T R O F M O C F N E F M J G J L D
S P M A L W Q S Q I A C O R R O K
H N M F N L E H T L L M M R O B M
T Z I N R L H O Q M A Y E W H Y L
O V D A I B M K M U K R Y S S C S
L T I T T C K O K E K L O C K T R
C A L N I R P R N L P N A L N U E
E B J M Y E U B F O R N Z A F P P
L S O G N L H C W D V R T B H A
B T L P I V C P M I X B S T D O P
A R L M F N A H N L I M K S Y L L
T A G O M S G A A V M M S A B S L
N C K D T H V H L I G V A F Z T A
W T L E J I J V A Q R N M O H E W
T J L R A H R J V M D S A S N R Q
Q S M N G N I L E N A P D N N Y Z
```

12

```
L B K N K L G V D G X W D R H S H
E D N N J P I R T D A O R F N I C
S L E D O M C I N O C I D I G H N
G D Y K L L R L D T P O E H R M O
C A R T M X R D N X R V W O O C G
X A S E S V L K P T I A M D P R A
T K R G L T M G O R Y E E T I U W
A W E C U B N H D S T E V N H I O
I V K C U Z I E N L R N V B S S O
L D A L M L Z T I F M G F W R I I
F M M D M B T L R N D M X H E N T
I C O B W R C U E E E G N C L B A
N M T Q Z R L J R R V V M T A Q T
S Q U J D V Y Y P E S N N W E T S
L N A Z B L Y M G T L J O O D H D
B Q H E V I T I T E P M O C C G S
Q M G L M N P Y T I L I B O M J D
```

13

```
H D F M D E L C R I C Z F T P M L
I R R D E E L B E S O N R R H D V
P D P E Z T M T R R N F N B T V R
S L O C A L K Y G L F G K W A F Z
T H T N R M X B V V K G M B T D D
E F P N E K B H R T N F K A A D A
R M I G T K Y O O Z A W E L N S S
M Y L R I L T L A Q V W G T B R H
R D F E B G L M T S N J U E P T
C N B A E E N D O F W R P Z I S
T U B S L L P E N A D N E S L P D
B O V E K O K A S V R E P O H V A
R P X R N C T T G U P L O N O R E
E M R N A V K H B N I C Z T T R R
A M L T L Y N B G T I R D M R Q H
D T S K P Y E R Z I C O G V O Q T
B C J L Q R K N L Q R F G G D T N
```

14

```
S H E R M A N A D A M S L N V N H
V C L L X X L L W W R N Y R N O U
E E D N L T K B M G E A N U O S B
H S L S H T T E Z E W M D B X N E
C T E T L R T N M R O U O Y I E R
S E I I K D J B Z A H R N A N V T
U S F V L L R A M L N T J R D E H
R E N J B M W K F F S R H A A S M
K F A B N Q P L N O I R N S H I P
A A M O W B K E D R E A S N C A H
T U E C M F T Y P D R H O T I L R
I V K A D L B T G L M F N L R D E
K E I J S E L L U D F N H O J A Y
I R M B A R R Y G O L D W A T E R
N E S K R I D T T E R E V E H M G
T R B J O H N F K E N N E D Y X Z
```

15

```
Z K G X K N N Z T N V M R G T V F
D R E H P E H S K O K E K F N T M
Q R D E N C B P S I X T A L X U Z
Y G M O C K O T N P A R R N Y N G
T U F R D A O S L R C N O Y R I T
N B R B R K R O M E G I U S P T N
O O F I H S R E C O N Y T L G E M
L S I T G A A A C U N E R Y N D I
L P M T T A P T T A K A G B I S R
O U C I I S G E E C P A U N D T E
P T O O T T I A O L L S N T N A R
A N V H L V E R R D L G N T A T O
A I C N O D H P R I L I M N L E L
S K H S Y R W I M D N T T R N S P
A I N G J Y N A H O W K F E O R X
N Y D E N N E K R C C W J H O K E
S E R U L I A F G N O R T S M R A
```

16

```
D D A X B D P H K W D X G G D X Y
J O C K H X U S B S K H N K Z T Z
C O T M C M T T E P E C I M I H W
H G I X O R B I I A Y R L R Y P N
P N V Z I D R E L E L U O W T Y T
R O I C R O S T H P S H O R R T K
O M T L T L H I G A T C H F A R M
G M I S N Y I Y W U V Q C L I A N
R O E S M F S B A S W I S Y N D J
A C S E L E O G R V R Z O N I I V
M X D K L L Z R L A V E E R N T A
S I V U Q B I H M C R R D T G I L
A Y R Z F T M K K A S Y J L Q O U
Z S E S S A L C S R L H B C E N E
M L K W G N I Z I L A I C O S S S
E C N E U L F N I D O O G G H M T
Q R J Z Q W N T N E M H S I N U P
```

17

```
Y G W K C O L C C I M O T A W L G
L L J G N I R E E T S R E W O P M
V N T F A R C R E V O H M V F P Y
K R S M K K L V F H W E Q W L P D
X O Y O Z R A K A H D L D N I R L
E T D J L W R N O H F R Z G A O
P N L T O A D P M P L B A M H D R
E W I R I D R R P A N N C E T I T
F D C L I C E C S R V A T U R A N
F I O S C T F H E T D P I L E L O
M M K C U Y M I R L P N D G C T C
M S W P R A C O B R L O E R O I E
L X M Z T A L A F E Y L R E R R T
J O B I M O B G R X R F C P D E O
C X C L C D M L M T H E T U E S M
D T J R F G M M V Q E T W S R D E
C N N Z K N C H K M N T K L F B R
```

18

```
X R N M R C F F F Y M T N L L K S
H M E C A N E M E H T S I N N E D
O H M G W R N P K X M Q S Z V L R
W T A T N N H R K V C K N I N O Z
D Q V A Y A K L T Z Y M T T N R O
Y Q E F M K R F E K L C R I P T R
D T R C C O X E I K E N A P B A R
O H I D C N S N N T O R Q O Q P O
O G C I R H G N E O T M N Z T Y R
D R K K R R E D A N L A S N L A T
Y J Z O M A E Y O N N E U N M W E
H K L C R H W G E Z D H H P H E N
N N B S T H A H A N A Y K T L G G
T H T I K W Z P I E N Z X N G I A
W D X C Z F T K S D D E F M Q H R
N O S A M Y R R E P E X T B R M D
C F Y G Q Z Y D R D W Z L K R C N
```

19

```
N Z D P P E E J C B C D X A C Z T
J G N R T R Y K N R E T X I H B T
V L H A O Z C A M L N Z L C C J P
M K I N P L G L A B O J P N Z N J
E F T N C R Y H L S O J A F L Y
T K Y T O O A A N W D W G L K I R
R B E M O Y N X G R U E F V N M N
O E L P E E K T E B H T N W L P E
P N S W E D M K I W U T V I R E H
O T O Y V U A O Y N K G N T R R K
L L R K N B G V R A E C A P L I Q
I E C D E R V E I A O N L T F A R
T Y Q D E M B S O L F N T E T L L
A N U Z V F E Y N T D L Y A S I K
N T A T W R T N L B C X A V L D K
S R S Y L L I W Q R C K C K Q R E
F N U S T A D K K P Q K K N B Q B
```

20

```
R A E W D A E H F L D N R N Z W
P M D G K M F R P G D A H R Z I G
L C N A V T O F K I C S E B L P C
S D T R V N R C C C O P P D D M G
N L V J T Y K K O V P N E A E N H
I M S I Y N C O T A R R E N C F M
A M E N C I N R R F N M O E K O N
T R C P K M T O E U O R N R L A
N E I X M S K W S C B R O P M K C
U U E T Y N L S S L K I H T H C C
O Q S T E O H O E R H E S A W O E
M O F K N O Y I B S E E T D T S
X T A B S C N N A M W T Q T K T S
H V N M I A K F K D Y K N K K U O
L T S Z D V K Z L V T S D U T M R
M S I L A U D I V I D N I J H E Y
X P Y Y F Z W S R E I D L O S X H
```

21

```
S E I T I V I T C A M N P Z B B H
C G Z H R L D E S I V R E P U S O
E P H P R V N E N T H N R J T T P
N O P K S R Y R Z M U P T J W Z P
T O R K N H X A W I K D R W G M I
E D B N E D C L K D L W E Y C D N
R L B W E K K U L K G A T N F N G
S E S V T P Q P G T K R I C T S S
D S T K M G Y O K Y A D I C Y S E
S K S Q C H R P S P M N R A O R N
P I K E T O S O E E F F D R Y S O
O R X U T C S C U O T R L S J L R
T O H H A N Y R P U T W O A V E
K Y R O N A D M B T S I I U O G P
C L O N D Q A B A B N V S N L R A
O L K M N L M S B G O A P N G P H
S R C I S U M X C F C B Z R X S C
```

22

```
G N S L R X K F W M T P K B R H Z
K O L O W U I J A L H Y R J Q E C
C Y B K L Z F M R O Z Y B A P V T
X B B S Z O B F T L H V P W T S D
M Y L I T A P T L L P E V B R E P
N J E A C O A W D E I N C R R C P
R S L H C M P E A H S E E E R I M
H M E R A K C P C X E Y R A O L Q
L W T L A I J N E F L V T K C S Z
S Y E A R B U A F R V I S E K T Y
K S F O K R S O C L S S P R Y I A
G M C K C T T R W K B P L S R U W
H I W H Q K I J A Z K E C Y O R Y
L H G W B P L K M M G E F L A F K
S T R A E H E V O L R P L L D L L
P S E L G N A P S Q F M T O K M I
S P U H C A P U H C Y Q F D C K M
```

23

```
H Y L J N M S I N A I M E H O B N
Z H A F S E S U O H E E F F O C G
Y P M B O E L Y T S E F I L J G R
Z O I S F Y R T E O P L V L Y R E
K S R Y Q S B U L C Z Z A J I E E
K O I D T Z Z W D B R T R B N
C L B N J K F N S W I T G L S W
K I A X O L K C E N W E P L N N I
N H R H C B A N E B H B K R O I C
M P A K T S O S U G C E O W I G H
R K K S J R R N D A B R K T M K
A G A A I E R I G R U O L I A P A
T G D O V O L G N K O P O N R L U
D Y R E U R N W K M R M V T E N F
G E E G E R W X W H E D S A N K M
L R H F Z Q R K V M K Y K E E C A
F S T N E M E V O M L V Y B G V N
```

24

```
D L K R S P S Y T T U P Y L L I S
V X K D P L T X P D E M K I P T G
C K D C I I L R M F D E A N A T E
P H M N I P T O Z C A R Z R B E F
R L K N T T Z C D R A R M T B T A
A Y P W Z B S H H L B Y M Y H K X
C F D G C A C O P I M A Z T N A N
C R D S R R I D G E N Z S O O W Y
O I N T S B R Y N O U P T K L Y K
R S J E R I C A B B P R A H E W S
D B W P E E U L D V K K U L K T B
I E Q M G L S P T I L L E P S M J
O E K A O G S J S R A E T Y N I T
N M D E R C E R K H R W V G N Y Y
N H B R Y R T R O N L L M F W H F
M X Y D O X S O P T S N U G Y O T
X V D V R R P S C I T S E M O D H
```

25

```
E K R H X P L A H C R A I R T A P
I N S N O I T A S R E V N O C L L
X D I D X H E G A I R R A M M N Y
M E E L C S K T L D P V X D O F X
N C L A P N N V T G Y D Y O U N C
H R R L L I J V S L L T T M T Q H
E O E Y L K C E G J I E R E I S I
M V S C X T C S L L M A S N E L
O I P K X U L J I H A I D T G L D
H D E P R A G B M D F T I I S O C
Y O C I E M A R N L R Y T C U R E
Z N T M M T V Y L M A T I B B R N
O Y P L S Y X R V L E I O L U E T
C T Y T E I C O S C L L N I R D E
H R S S E N E S O L C A A S B N R
S E I T I V I T C A U U L S I E E
L B G H C S E L O R N Q Z D A G D
```

26

```
N O I T A G E R G E S G M N T K J
K S T N F R T C M R M A N T D S M
P N M X J N D N J A L Q L N N N A
P I N D R T D C C C V R L E S A R
K T D R Q B M C O I E R M M E C T
Y I N L Q T U L M S F P P E S I I
R S T O P J M S I M S T C V A R N
E C S N I X T S B T K N N O C E L
M I K T C T T E H O E Q R M T M K
O L F N S A U G Q I Y O T T R A I
G B R N N E I T D U S C T B U N N
T U K C Q R T E I A A M O G O A G
N P E W L K B O P T V L X T C C J
O R P I W O C A R M S N I L T I R
M N V H S L R J L P W N R T T R T
M I N I D K H C K D M G O J Y F L
C K D P S T S I V I T C A C K A F
```

27

```
P E Y Y K E E R C A P U C Z X T E
I I J D E K N O Z P U K C A R P D
L K B H C N K G W W W O H H A K E
S O Y O R R G M F K U N N O V B L
K O K Q B E U L W T D E G L L D L
N K G R T B I D T H L M E A Y I I
I L M S C P Y A D K M N S Y L M V
P N E D S H S S C Y I T K R G E S
Y N V I I I E I O N K R L U I S E
D R D B G L P W D X C V B M N T R
G E O H Y A O U O T E V M B C O A
T U T D N K O S R U J R Q L H R U
E Y R I Y L N Q B G T K N E Y E Q
S R L A C K E S E E H C G I B F S
T W R N T P N T J D R T Q B C J X
E K O B M U F U B B Q G R K W M J
J K J T T X C B H K D K K D N Z M
```

28

```
R E C M M S K V R K R W P M L H L
D C S V S C L Q M C F H A L M T N
K N P N V I Y E M H Y N T H N I O
Q E A T I E T W G S N P E D O M I
R G C M O N C E I A A D N N B M T
E I E Q L T G C N C C S T A E I A
L L T U I I S E I G C Y O L L G U
A L I A N S Q F N I A Y F R P R Q
T E M N M T I I T I R M F E R A E
I T E T T S E A R O U R I Z I N N
V N L U T T M G E R T S C T Z T Y
I I Z M S E W H B P E V E I E G R
T D K N H T T M L L H T R W M L R
Y J I T N M B B A W M W T S W W B
P E A Y N A M R E G M X B A N H D
M M Y T I V A R G N R P C N M W Y
N O T E C N I R P N C Q N L M L W
```

29

```
H V L Y N T M C K M D E S V S V L
R E M M U S A R B P X R R P E J V
B K Y R T R O K L P E T E A L G P
L Y X R H I R A E O N I M R C Q Q
N M D O D I Y R G S I P I K I D T
V R P A A G I E C P E N T I H S R
Z S R N R E I K S E V O T N E E A
T M E O N V D N X A I I H G V M U
F P U C O E A Q P K R S G L A I T
O N E M M C E L O E D S I O I T O
D H V V K E N R P R B A N T G Y M
T Y G B P Y M K C S V P V H L P O
R P A Y M I H O O S Q M L E A P B
P R T R Q N C K R D G H X A T A I
S B M L R L X N N I C I N T S H L
S E I L I M A F I C E J B E O P E
S R O O D T U O Q C B S L R N F S
```

30

```
S S E N F F I T S T K R J Y L B C
K E U G I T A F R L K J C R M X B
P R N P Y V V T A B S D N X H N N
O Q C P P Y D S S U R I V V N E C
L G X P L O S I O C Q L A W R M S
I N N L V A L I S F R C Z D R Y S
O O L U N N T I E E C R L E M Y E
M I D O L C I V O I A I T P F T S
Y T J E E N E B N P H S T I T I A
E A F F A R O E A C A O E D H N C
L C N R Y T D R R S M R H E E U F
I I Y M M M H K I S T H T M R M L
T D L J K M M S V H Q R M I O M F
I A S T O P S T O H L W E C E I T
S R Z S I S Y L A R A P C B S S L
T E H T L A E H C I L B U P L X T
Q S K A E R B T U O T T P X N A R
```

31

```
K K F E R U T N E V D A L C N P K
E C N D N A L R E I T N O R F N B
M T U T N R S R E T C A R A H C R
M A I D R S R U O T R A T S Z W L
M S I H D Y E N S I D T L A W E D
M I E N W L R M G F N C R K S W N
I C N L S W A R P B B W L I N C A
C M R N T T O N C D W V U O O D L
K P G O I S U N O P M R I D I T Y
E F P N W E A S S D C T T S T E S
Y A L K F D K C A E A I N S C C A
M N U X J R S Y L M K E E L A I T
O A T X K M F G I I Y D J W R L N
U H O H J O N N R L A P R N T A A
S E Z Z O U A O A R B G V X T Y F
E I G G J M O N A T T Q N H A N T
V M N K N M D P T A I P O T U A K
```

32

```
W N O I T A I D A R P W L K M R L
M L R L R B W S O F U P T N N L E
N E S P Y L A C O P A E V S L C V
O S G P K N F A H R C K N Q F Y A
I P N R A M O N I H L O M A F B R
T A W O G C X V N P I D S L Q O T
C C M N I K E O E S O C X K K R E
I E L U X T P C A L I T L P R G M
F O G T T H A V R N S Y S A N S I
E P R A O A N Z A A S W W Y P S T
C E G B C I T T I E F R V N D N Z
N R I S G I I I N N A T E H R E F
E A B P C O M I O E O W S O Z I I
I C M L N C Z O L N W L B K L L L
C Y K U J N K C T A S O O H P A M
S J P A X U H V A T N X C X B S
R V G F T N D E M S I R U T U F F
```

33

```
A L A E M Y P P A H N S J D V H H
K P K E C I V R E S E G R Y A S R
E K P Q S Z E J D I Y I D M N P R
G N T L Z K N F R H V M B I E E A
N F I K E H N F F E K U A K M C Y
I G L L V P H I T I R H A Q W I K
Y R O W Y C I H R G C H G N P A R
R R L L N L R E E D S I D Q M L O
F D E E D U B R M K T O E E T S C
H G R C H E M M L E O F X N P A D
S F I M N N N I E F N P O E T U L
A T T C A Z A M A T S A U E S P C A
L C H U D M R S N S D R K O E N
F K A R L F A I S C E A M P H O
J T R I F F Q I M E H W F Q R K D
V K D C N B O Y L O T E J R A N C
J C K E G N T P M Z D B S W C L M
```

34

```
C V W P F G M G B R T Q E Q S K B
R I N Q E L Y L N D M M L U X Y W
G E T D V R L C M I I K C W P R N
P K C S X W F N A T L C B O T E S
N M B O A S P O S E E R O T I V P
M N N L R L L A R S R H I C K O U
L W R K W D P A S M A O O W R M D
H C A E B J S F I L A N B H T E M
P Z H F S J U R U C I N R I E C E
C R G I K L N H S C R P C Z C N L
O A B T R J J Z T T K E A E O A I
N L A N A V L O L Z P R M M M N D N
T U M E P C Y K U L C L A M K L W
E P B S Z E N P D C Q H L T O P T
S O O S T E T G A T W C K T Q C D
T P O M R M M N E R D L I H C H N
S G D R Q M N X J E S I C R E X E
```

35

```
E N P L P B K V C C R W Q L F N K
E R T L P O C Q O R G S X R A T F
T C A K N M P O M L K D F L M P Y
A F P W O K K U U W G A R W I J D
R M L L N B X F L N R L U B L T Z
E Y D A O E R F I A S A I D Y D Y
G S E O V O H K K B R S T T F S J
I B K C L O O C R V S N S W A F I
R L S O I O R U T C X I Y E V L G
F E C U C U B I I I T T R C O O G
E P C E O U J N N R K A Y Z R B L
R V M I S I C W E G N L K Y I M Y
T O R D P I C A O L S E B K T Y N
H Q D W P E T I L W Z G K T E S T
K L R F M P S X L F S E I T R A P
S T R E S S E D E E H V R M K L T
R E M M U S P H J W D M X Y X K T
```

36

```
M D R M P M K K M R E N N I D V T
R L E B I H E L B A S O P S I D W
B Y K T X C M A A R F L D N Y F L
R M Z N A M R L T L B E O D G A S
J Y B E J E U O K M G S E K E V N
S L D F L M H R W A N S C M N E O
U W N O I Y C M K A S T N M N G I
P W O N O K T C W E V E E S L E T
E T I R G F A S R L Z E I E A T R
R U T C G P T T E O B L N C U A O
M N A J H Z P R R M W T E T D B P
A Y V R L E H F O D O B V I I L V
R P O N T X A T Q F G H N O V E Y
K T N J P G R P H R M G O N I S D
E J N Q W A V R L G W O C S D L A
T L I P Y T E I R A V N C T N F E
R V M S N O I S I V E L E T I W R
```

37

```
D E G E L I V I R P U N E B T F E
S W R Z F H T S R P O R H R J L U
T F Z T M H I E P R U L Y V S O G
U A Y N T K P E T T G S Y E M G A
D S J N A P R H L N R N G D V F E
E H L H I C E U R E E E I F H X L
N I K E L A C K F U L L N L C M Y
T O S A S B K A B L Q N I L I L V
S N S T U R O R O F T L U T K A I
M S E S N L T C W F T S F F I R S
N R L L T H T L T A I E H O Y S T
N R E T A E W S B V L Q N M L N T
N S E I T I S R E V I N U N T O M
E V I T A V R E S N O C K R I M P
B B C T S L O O H C S P E R P S H
T N E M H S I L B A T S E T Z R H
Z T L J E L Y T S C R V B M N R D
```

38

```
Z R M S W K P S R E G A N E E T W
V W Q T U D Z R M Z Y R U J N I P
K Q N K T O P B A N Q E N G R W H
Z T T M F A I P X N K C R N Z C O
V H C K C C L R V M K O T I V X N
L J T K G A T R A K N R P F T N E
T S I N G C Y T D L M D M F F Y B
K N E E L P O E P Y I S E U X P O
R F L G Y D S Z T K M H T T G G O
F L I Q N O A I L A N G T S N N T
I E C L L E C N L Y N U A N I I H
L T I C L A L L G I T L M G Z M E
L N N H P I S L D E Q F R B E M Y
J E T A C P N W A N R O H V E A E
D T C W A S O G V H U O C Y U R N
C N Q C M R I T R P C B U M Q C T
R M E B C K W M S N P Y B S S Z R
```

39

```
W N O I S R E V B U S H N Y P D K
R B N A C M F Q Y K E B D H V Y L
F L L K I M N G N A M P E T M M O
N H J A B O K X R H I J D R Y S Y
S T O V C K N I L H N N A A A I A
B N Z L F K N A S Y O K S C L N L
S D O Y L G L R R I Y L U C G U T
Y M P I S Y O I S A J P R M E M Y
M T I H T S W S S E P K C H R M O
X M U T N A E O G T Y N L P H O A
L A J E H R S A O Q I C P E I C T
C Q C R P A N U M D Z N J S S I H
P K K E R O C J C J T F G O S T S
Z K R M I K M T L C M E K J N N T
D D K P N L N X Z L A T N H T A Z
T P S N O S A E R T L T K M T G T
R E L L E R A C S D E R K K Q L M
```

40

```
A F M M X H S L L E B P M A C Q S
T U K M O L L E J L H S K T L Y J
S S N L J Z R X V D C N N D B P T
Z N E T R K B M E D T O D B E W M
I C A R H R T L N S B T I P G D T
Z N Y M C A S I I J T L S F R O L
V I O F L E T K D H X I J G M L T
R P H R Y E R T S E C H M K Y E Z
P A C C A A S U I O Z T I L H C S
S N A N T F L S L E X M G J R B N
N A L S K F E A U R S R L O X S B
E P Z H I N B E B M G N Y N C R M
D L L N G P K R B M O A F N W E T
R U A V V T J Q I T L Y L G N B K
O S Z Q H Q P Z P L F Z U J H R X
B R T M M W W I K Z L B F M K E R
T S G G O L L E K X L O F P M G Z
```

41

```
G E F P Q N P X T Z G K A F E V M
J L R L J Q E N X R K R F P X A V
O R E H R A C G R O T N O K H C J
N E D V E K C L R C F H J K Z N W
A B S D Y N K K A E B D R L B N N
T N K W I R N R B O B A D B V D O
H O E D P C N Y B E M R I E E N S
A T L L A E K N Y T N N A A R L A
N L T C Y N E G A O G N N G J D E
W I O T P W N E R C U M Y N D R L
I M N G H W M Y R E A N L M C E G
N Q B A Y G B O K R G T G J M Z E
T D R D I Z S Z T A L O R M C T I
E T X P B B R I F Q Y M R J A M K
D K W Y D N T C T L E R Y K N C
S M T X K N E L L A Y D O O W Y A
W E N E E R G Y K C E H S Q H T J
```

42

```
Y N I T U M E N I A C E H T G B D
R O T E C A E P E T A R A P E S A
D F N K T V N L K Q L U D W R H E
N I C T T T R C D M N M A Y H A C
E A L R H V N P M D N T T C M W A
S M L I J E W O E P L P N F B A L
D L T C T H B R I A Y U M E C I P
O E K H K T T E S T L H Q L P I N
O G T R E H L S A D A G K B T P O
H E R I E L H E E C R D L I C D T
D N C N S R E K B S H R N C R N Y
L D E X U I A O S E K N W U K W E
I T M G W N V E P G A N H R O L P
H V G R N C N E J A I R F C K F T
C E V I T T W H N R V H K L N C V
D M T G I J M K P T K D R H M J G
T V L W L X K M U R D N I T E H T
```

Word search puzzles (panels numbered 43–48).

43

```
L T T N E M N I A T R E T N E F M
M O K R O W E C I F F O N Y G O P
L A G X F N V T M K K G O R N O P
Q G M G P W L P H K K N I C I D H
M R E T I F P V J N I T G T P Y
J I D A K N C R N G G R A V T R S
M C I I K Q G I Z N M U T W I O U
S U C R W K H P I M M T R P S C P
E L I A J C L T I Z P C O L Y E P
R T N T A T N N Q D Q A P U B S R
V U E E K U I M X R D F S M A S R
I R T R O N M R T H H U N B B I T
C E F C G T Y V F Q M N A I X N W
E N C E L T Q C R L L A R N Z G O
L A M S L K L R G L H M T G B T R
D Y Q D G N I C I N A H C E M R K
N O I T C U R T S N O C D A O R H
```

44

```
Y T N D W R Z W K G N I K O O C H
R F B Z L E Y M R M G N I W A R D
E I J A R A K N N I G S K B G M G
T S K V K D T N N T R P F B N L
T H N Y G I L C I K I I P O I Z Z
O I N N N N T H M C H N K R S M
P N X R N G E G A O O P O G T T L
G G Q K O H N G L T U O L O S G S
N C B T C W I L O Z B G R G E N N
I W Z O Q R E G Z P A Y G N M I C
P L R K O C R L A R T P N I A C O
M C L Y T A I R D E Z N I T G A L
A G K I P N C E L E J L T N D R O
C C N H G S N L M C E M N I R R R
G G Y H R I I G L W T N U A A A I
J P V M N N C V W Q L G H P O C N
M L X G G N I T A R O C E D B Z G
```

45

```
L R P B Y D P R B N N K J C V S A
Y O N P E R X L E V Y N R V U L B
N Y R B A X R E G P L N F S I Q A
N R R A B T L E E V I D A E M P R
Q A V N C H R G H Y R N H N A M B
K M N I T G G I Y S A S T M C M A
A F X A R Y K L C R M G E N D Y R
N H K V R G L Y E I W L R L B R A
T T T Q K D I I N H A A Z K K M K
E L H R B M N N A I H T N Y C H R
N Z X X A N D A I X L D M D T T N
A C X R O M A H S A L O B N A U E
J N U B I K C I V E N N P K W R R
N A D X Y X N Z K N V X J V J A
L C Q F B P K N Y L N A N R N Z K
Q T N A O J A L D L Z T H R N B L
X D P L V Z M V T H A R O B E D M
```

46

```
J G N I I K S E N I P L A H L B Y
S L Z G N N G F M V G N L B L A C
I P M M N N S L G F N L L T A D H
N W K G I I G C O M A G L N B M R
N T M F Y N C O I B Q R N O T I S
E B R D I M T A Y T K R X L E N K
T U N L B B N E R R E I M R K T A
S B C L A O L A H E N L O T S O T
R Y Y L W L W L S G S W H Q A N I
C E L Q O L L L R T I R L T B K N
A V C V N A H A I N I D O P A L G
R Z W C K B O B G N M C Y H X Y F
C R P T O E C T R D G D S M B T Y
H G N Z T S K F O T O M Z G Y X B
E L O D M A E O X L J C U Q P V M
R L T L M B Y S K L N R T B D M R
Y K K T F T E K C I R C J L V D M
```

47

```
K X K K E F Q R T P X L M Z F K G
F L Z I S N H M U L Q A T F D C A
T R L P C M I D M N E Q B F O I N
T M A H L K E H T R F N R X N T G
T Z R R J P D K C F R A R D K S B
S F Y P U Q R S O A B T H C K E U
U T N O D R E R L O M Q U T C H S
B T S Y W J N Z E Q H D Y H O T T
T D L C N M Z K Z A Y E E B R N E
E L K C I T G I B Z L A H G T O R
R X Z K M N J C Z M T G P T J L S
R R X W F G U U H E V V O N N Q N
A C Q E P K F G R A N S X N U O F
N H Y T M H Z S G R R R C A E D W
E M X R R L J J K E T I R O X D S
A K T A K Y T F I N T E O N S T D
N Z F G T N A C A V M S J T M M T
```

48

```
W V L T I L P S A N A N A B R Z G
A R R S A L M O N T O A S T J D K
C R F C N T S M M I Q S T X C L T
K R R L A H K E S B M U F H L C S
Y R I S V S A A B E I C P Q Y Q G
C E E F I G E T O R L C Q A H H E
A L D F D N T B B A K O R N G M L
K B F U N I S A A R S T L T N P D
E B I P E L F L K H H A S E I O E
N O S B K P P L V S A S E L R T F
W C H A C M K S I L K H L F N R F
K X H R I U Q L L E E B F F I O U
B F M C H D E G K W N X F U T A T
V P H Q C R Y D U Z K D A O A S S
S L E E H W N I P M W M W S L T N
F E E B T S A O R H B Y D D E K M
B X R C A R P A C C I O N K G V G
```

49

```
R E L L I D S I L L Y H P F N R G
P Q X R A M O H C U O R G A P M R
S R E V L I S L I H P N M R R O Y
B M R R L L E J X L Y R F J L R D
U M S I D E V D F M E R E N P T H
D E R T C B R F W B W R D F M S E
A T E O L H B U Y Y R L S Z S A C
B N L H L M A L A Y N N M M I H U
B A L K M L L R L L M N O B D L R
O R E L K E E E D U N E M G C C B
T U S P H R W T B P H A J W A K Y
T D R S J I L E S O R P T X E R N
N Y E J S R G L W O L Y Z S S Z N
Y M T V T R V A C V C N O P A V E
K M E F O J R Y R R P U Q R R L L
F I P E K D X C V B W X O J C R Q
K J G M H E N I F Y R R A L L P P
```

50

```
M M I M R R T T R Q Y R Z K J R M
B P N T E N X Y N Z D D L G E P M
O F T L Z N H D K V H W I S I S G
I R E W I V E G N T E L A H V N P
D E G D S Q G P K A H L C P B A O
A K R W E X U P A O R O C L Q C L
R A A D H R T I O T R T A R R M Y
R M T H T L F L D C O C R L O U P
O E E G N T I Z I P K E L O Q R R
T C D W Y E L M G B A I D F F I O
S A C M S K G L O J P P B I F M P
I P I L C X N X Q E M X E W V U Y
S R R D I Z I C H F Z X V R K L L
N F C H S H L T J T T K V D B A E
E A T U R U M S H W J L R M G W N
R V I Z M P M A L C L E E H W T E
T M T C B M O B N E G O R D Y H Z
```

51

```
Z X L A R E N E G C C W F Z V M N
L Y C T N I O P T S E W V K F B Z
L K R T C W T N E D I S E R P X T
T W R A R O A N A C I L B U P E R
H O E G T E M S M I J R C N J Z Z
K R C T L I W M H P B Q Y Y T C R
M L I O R D L O A I Z M A N D K A
S D F T F D A I H N N D U G P E W
T W F A K O L V M N D G D L F Z D
A A O N A C B G I F E E T O O U L
T R Q A B T T H M D D S R O O C O
E I H C I R R L M W A C I D N Z C
S I K I L I L X I X E R E E T K Y
M M T R E N C G E K M I L M N B N
A Y V E N E H T L T M D F R T J K
N T R M E T R P Y A C W Y D M R Z
G P S A S N A K M L J R D T Z K D
```

52

```
N C L L N K X E N L E X U L E D E
T O P A C M C C P Z R D Q L B E N
H R B Y K Q M R Q E L E Z Z L G A
U V L O N R E O E V L H D L N R L
N E B R P M M F N T V D I Y V L R
D T H H I N H K S P S V O E P S I
E T Y E V J W S L T E A N R U S A
R E R X B V N A N N A I M P A G F
B E C Y R R P T N C L R E D A D T
I A A Q R Q R O Z T L R C L A E O
R N T Y Z U B R S Z S I A H N O K
D I A D R L T E B O B X P O I R R
C B L B P B R N N Z I E R P A E B
T R I Q M C R I E E C O L L E G F
L U N L V N C N Z C C G Y A F R R
Y T A R T C E L E B Z K D F I L Y
R E N I L Y K S N K S T V H L R T
```

53

```
J F J I G T R J J K R M S L P N N
A V D H N N M N N R R O V K O T W
C L F N T N G T X M S Y T T H M T
K M I T I K O G K E V T S E I A L
I I L T D E H U P K P T L T C D S
N S M K T L V O T I L T N O A L T
T T B T V L W I Z B S H B R Y L U
H E R K Z T E Z R A U E M K G S N
E R K Q L D A C C D L R V N E N O
B S O X Z H Q E A L C X G O M E D
O O N R U L T T D E D I S E Y E N
X F X T R I L J P E S N N F R P I
L T V N H A M M N K E A P O G W K
T E Y W V Z T A H M P M R K S E N
R E D P R Y R S S R J R C S F K U
R N C M C S D L A N O D C M Q B D
G N I K R E G R U B T K D P T N D
```

54

```
V G D H Q Z T N M D R K N A L A N
M Z L P F K N R N U Y T Q J M T Z
T B A E R R G Y S P Y K S H O P T
M M N S L T A S R R J A C R X H K
F A O O R L E N O A M F H I B T V
S C R J R L B B K O G E M X R V K
E P M K L P E R H P N E V E T S M
M R Y T I R L T I R R U H T R A H
A R C L T E N T Y A L R C P T P E
J F I M A W M K N D N R H H L V C
Y H K H M M M X J A K A A A D K U
P L C F G D A E K V V N R R R F R
Y I F L L R I N I T D L O A L B
M D Q A T R Q Y L D C R E L H D R
R N N N Y Q N K M L H E S D C R T
G O R A R E T L A W I W G F I N X
D Z B D R B L X V G W W J N R H T
```

55

```
S Y T E K C A J R E H T A E L L Z
S T A O C G N I W S N F G R R P Z
E T R T S S E R D E L G G I W P E
S R B A N M R H P L H A R B T S N
S I A F W E X Y M F B T O D U L S
A H L L P H M K T H X B P O F S E
L S L A C R A R C C B X L K E R S
G N E N D M I T A Y L B H O G H S
N A T N Q Z U N S G N X H Q E T E
U I F E F L L O T A R S M L K A R
S I L L C X C J P D S E L C T H D
E A A S B K M R J E R H D F Q A N
Y W T U S R E M G Y A E N N Q R U
E A S I X T Z D J T G N S F U O S
T H N T E X E H S T X L Y S B D N
A G L P D W L N D D R G N R K E K
C D R E T A E W S R E T T E L F C
```

56

```
G C R K G S L E H C T A S P I M M
K X D G T M O C R E T N I R N R R
N R Y R H T K N S D E K G O K O E
E M G K C M F U E L M S N J W F T
N N F N T C I U P K T N E E I I I
A B I V R A T R L O P O L C L N R
J C L H B U E R O M I I C T L U W
D A L A C D B B Y T S H D O P M E
N R E V I A N B A T A T Z R I S P
A B P L Q R M G E L O R R M Z L Y
K O S K O D E K R O F E I D A T
C N F H C R M B T L B O F L P T M
I P G F G G O N O T G A G V Q E L
D A H E D A H D W R I B N P D S J
M P S R R S E L A C S D V D B T R
Q E L D W X Z P V C X R V N S W L
R R M Z M V H X S K O O B T X E T
```

57

```
T K G K P N Q S L L I H B L L S M
J T W N O I N U D N A R G R H X L
R S Q R P L W S O M J J L P P U M
V D P L H P M A R N M T L L C N X
M L N M H Q P F G J I A A K M S W
S E G S E R K E T G R T Y R Y C G
L I Y B R A Z W E D I N S O G A V
B F X S V L V A K T W M T O A E S
F L H N Q P L Y S R N B B N G N T
O L Z Y B H K N A F K A D E N A R
O A N V I A S L B N O P R A L Z D
D H W R G B Y R T L N O M G A S R
F R B D E E M E M Z F D Y T E Y
A R T M E T N B K N F H R T G W D
I A B W A A R L R U S E T O O T L
R M K P R C A T A H G I R M M W X
H Y L T N F B K M N W K E W N Y N
```

58

```
Q G V N D C D J M F K X Y J Q A T
L A J C O A R D Y E A V A P L L T
R R R M R U S S Y B N N W B K L W
A T V W I O E A E W R N G T Y E J
L H M T S R U L S H E W N S T N A
P U V N L E S I N I T R I E Y G M
H R R H E K S N I T S M M T R I E
E M B J S K R G K E A M E U U N S
L I A N S C K E D Y P T H H B S B
L L T Y I A M R E N S T T S D B A
I L W B N J W L R L I H S L A E L
S E H J G R S W F G F E I R R D
O R K W V G A W L W O T N V B G W
N B L M N M K N A P B M R E Y M I
H Z G I Q F R N D M Z L E N A K N
Q R K H T O R P I L I H P P R Q P
N O S K C A J Y E L R I H S D R G
```

59

```
D M T Y T I C I T S E M O D R L Z
T R L L C Y T I N I N I M E F E P
J P S P K G V N K D S M P F R V N
H A B V Q T B C D E X R K I E I G
M S U M L R H F T D E K X W K S T
H S L L O E T E C X G X E A S M
O I C P R D E P N L K Z Q S M I A
U V F E K U E A U T A G Y U E M R
S I S W Q N G M R T C D T O M B R
E T G I D E Z G R E A E Y H O U I
W Y T A L F D S N U H T F L H S A
O E N E M G I R D I O T I R I K G
R T G P K B A G T N P M O O E K E
K S C I T E M S O C A P A M N P E
X R N R M C X K G Q R O L Z X F
T S R I F Y L I M A F T R H G R D
R T D E M O O R G L L E W E S M R
```

60

```
B H K E S U O H L L O D S X D M F
S M R O F R O L O C N K N D Y I E
X S E L F K Q Y L C C D S K S N E
D X P T D Q V Y W O T R L P T I D
X D P A X A P D L K A R I A E A T
M Q O B C D E B B C T N T T W T H
N F P W L E D H X J N T T Y U E
R C N M O O P O O I V T L I S R E
E T R N O O B I N T O B E P T E L
T T O W C H L G L Y A T P L E P E
S V C M C L T Y T O G T E A B I P
A Z T T X O H R W M T P O Y H A H
M G A Q P P A R M I L L L P P D N A
W M U S X I K P Y G L L L A R O N
E B L M N Z N M P Q T L E L R M T
I F F S B Q N L K G Z K Y M J Z N
V H H Q R Y Y H T A C Y T T A H C
```

61

```
M I Y R I A H C R E V L I S E H T
G S N V C Q B F G R P T G B Y T W
H E C V L R P T M B H R T X R H M
C I P Y I J E L H E B H V W E E N
H L D A L S M L B E G K O M T C I
A F B D R F I E L I F N D O S A N
R E D E L E L B N E T A B D Y T E
L H C H Y L N F L H Y O L D M I S
O T J T N Q C I E E R D R L S N T
T F K E H F D R R I M C L W I T O
T O M Z N G O C T E T A L O T H R
E D V I M A I M Z N H G N V N E I
S R C E D T Q N K J M T P B A H E
W O D S T R R C F D Q M A N L A S
E L N T T P M N K H L P T K T I K
B E L T T A B T S A L E H T A R D
E Y R E H T N I R E H C T A C T J
```

62

```
T K V N R C L K C I T S P A H C N
H D Q L F E L K T W X N Q E N B E
K G Y L N H T A Y O G N S N O C D
M Y R A B F L G R C N T N E S H R
K L H P K A L N V I E L C U E M A
N C C N G N P V L E N L F T V R H
D L E M M I R J L V L S O R E E T
N M M F E L M A D E F D N O N H E
I K N A C N U R B M I N B G C T B
V K E Q X D I E E E C O T E L O A
E B K M E F N L S V O V K N L I Z
A J W R O N A I L T L A P A T B I
N X K E O C H C S E M O Y N R H L
E X Y B L S N V T D B M N D M D E
V N H W L E Y A J O N Y T C X R B
O Q L M L W D J L H R O A N K K L
D R R J H K K A V H L C P M R K N
```

63

```
T E Q M B L M M M N W C F K F R T
F N R T F Y F D R V Z L M R W E Y
K O C N E V O B A Q Y J E L P N I
V H O M C G X V D T G N Q R N R L
M P F V T A T D I T O L E G O U D
P Y F G A V N Y O I O F J N T B I
K R E N L C Y O T R R A I W R E S
R A E G O K U I P I V N S E K G H
E T M R F I D U G E G K Y T A A W
C O A R E N S E M M N R H R E B A
I R K C O D R I A C D E E L K R S
U B E C T A N C V R L M R L F A H
J N R K T K H E E E A E Q T G G E
V I N O M I N H L C L N A L K V R
A X R W N C S N C B Z E K N Z T Z
K K H E M A P Z R K T V T K E Z T
C F J M W R R E C I L S D A E R B
```

64

```
T U C E B U C K J M H T C P C K K
B T B Y G G Q E V I H E E B N M E
F U R I A H G N O L D Q J G K L G
F C P D M B H S G U U B N O T R N
Z N K H V W G Z C I K I O L R U I
Q A K Y M I F K F M M L L B A O R
K I H V W R T F R R E H T R P D F
V L E F R A W P E N T R U E E A K
T A A A I T N P I B J P C A D P C
N T D L F Y U M N X B C W K I M I
A I B S T P A C H R I W E E S O H
F R A E Q G A N E O U E R R P P T
F N N H K X L G Q L T B C Q N R C
U W D A D M V N E X D C E U J N G
O T C I X L R Q N B Z O O D T R N
B N X R L I A T Y N O P O M I K J
W B O B T F O S K C L Y F P B S J
```

65

```
J S P U N E V E S Q F I J Y K M R
D W P B H W K R D A D T T N V L M
D R D M R T V M O F L P K N R O Z
O B P R A D Y C M B F K Z U W R Q
P O E E P C L Q B A G D Z B C I L
B E H T P A N Y N U P M R I M A R
Q F B O T P N A L T G S H T Z L L
S A T S O Y E B V H M L Y R L C U
H C S H Y Y C R G T Q A E M Z S C
A S T T L L I R H T R U Z S W S K
K E A I X L L T O P H F A R L I Y
E N G M W P G K S C R D I K J M S
N R V S X N R N T I K G T H E N T
B X B V A A A R T C H E D K R R R
A P T T F E Q O T T W G R B P Q I
K H V T C T S J S P T F Z L C C K
E T X O P L H Q T J M W B N B F E
```

66

```
D R E T E P N T R Q M B Y S L H S
L X B N K J D X N L D T T N N T C
M Y I T Y P A D B C A A Y D I H O
C D L Y V A N C M Z N R R G V T T
L T L X R P W Q K L L A R D E E T
Z L Y Y M M I J E U W E A Y K N Y
L L A D N A R Y A D G L L T Y N R
Z M N K Q Z J P E O E E H N D E R
W V R N N K Q E R S U V O J L K E
G S N O W W H Y F M A H N X D S T
V R I M D L Z P A F T L W N T R Y
E Q Y T N L E A A K Y E P U I P T
O Z N R I E F Y C G T H Y A O M O
R P N B E B D P V V E T H E F D M
G N A L L B L G W N H C X T X R I
E L D T R L L V T R E G O R N M T
```

Word search puzzles.

67

```
Q W B B N H N A G O H N E B F B N
R I B K O A K D V D Z K C V O D S
K L I Q S N V N U Y P N J B M Y N
R T L E N K J C R K R X C L A V N
O C L L I A I L D Z E O V M G X O
I H Y T B A M G C B U S E R A K S
L A M N O R B Z L S M I N L G M N
I M A A R O R Y Y M L E O I Y Q H
S B R M E N O N V L R G N O D N O
A E T I B W T I N M C G W P E J
B R I E K K N W I O N I N H T N R
N L N K C R X E T N B G Z C M I E
E A Y C A K B P L E K R N Y Y L F
M I Z I J A F Q R B T G P N C A A
R N M M N F R Q M K B J R R K R
A W B K L M A Y B O D Y R R A L M
C K S D R O F Y E T I H W B C A C
```

68

```
K L X J K H D Q G V O K Y C T K L
B N T T W R U R E L S Y R H C C L
T U J V A Z R M D J T M U H Q N P
Z P I H R E W S B W R N C T S Q R
D B N C L Y M V B E L Y R R P A N
Q A Y M K O T H A T R X E E C N N
P L I T B Y T U T E M Z M L D Y K
K A K I N R S M K L R R Y B Z J Z
D F L J A T L G N O R T S M R A B
P E Z B I Q T A R T R W A L R D
L C A N T J B M M V G Y R R I R C
Y O A C K T N O L E K R E S A J I
M C T I T T C R L H Q G T K H L T
O L F O T Q Y R I C D O C Q B C R
U F L O S N Q I H O L A M T Z C O
T N P K R E O S D L P G L Z G H E
H R P J J D D P C A L L I D A C N
```

69

```
H T A E B N E E T M X X N K N I W
D N A L E I V O M R Q X E E F L Q
P T N N T N D W L Q T S U N L C C
L Y R O T S E U R T Q G O K E O I
N O N J H D E Z N U O I M K S N T
R A O K K O L F I V T R M N R F N
T R C K S L B R I A J R K M U I A
P A L I X C E B N L W C W C O D L
H B H W R R R E I P H O J C Y E T
O A M C N E H E T E M N M A T N A
T Z L J E T M C E A S F L L I T E
O A M D M M R A N N L X R L O I H
P A X D O R O B E C L I Z S D A T
L R L R H M J H H H A A R P M L K
A H X D Y N G A G L T W N K M M P
Y H B K M D R Y F J M C L D X G R
N K N D T M J Y L K E E W Y M X Z
```

70

```
M W Y R B R H K R T L N W J Y B Y
H N Y N H J X J G U L S P N Q C C
J F E R A O N B N G R E E T A M L
O R S G N H O D I E C H T R N X Q
S A E U N N S O E N Q T O T N H Z
P C N T H H H I N O I A A R F R M
H O E E A E T E I V A B C A R M L
H I K R R E A S E T N D N H A A E
E S W G E V M M H R F N A A N O N
L E Z R N E D I T U L A M M K N N
L S D A D R R T R K E L U G C H U
E A X S T N A H E H M O R R C E R
R G X S T K H L B R I R T E G S I
N A H R V M C H O K N D T E T S S
Q N R M L V I T R H G C M N N R E R
N K S E D E R A P O C I R E M A F
```

71

```
I K P C N K H M K H F M Z K S M B
N F E C A L P K R O W R B S B J P
T A Q G D R K C J L C Y E S O D X
E M Q M E V E V M O T C S E J N L
L I D Q Q L R E N I C O X Y D R G
L Q L Z L L T R U B M D T O O M
E Y R C R C R O S S Q N G I S Y M
C M I D V O H L C K A N R L T T G
T O N D L T W F R B K E N I R I S
U N C R U Y A S S M P K C B O N N
A I O A D T D U N U X R C O P I O
L E M X H G H R S A B Z M S L I
X S E E B N L B Q V M W L B W U S
Q F R Q Q Q S S E N I S U B N C I
T M X S R O O D T U O G R W K S C
T R E N N I W D A E R B K H N A E
W Q N C C H C R A I R T A P T M D
```

72

```
K N Y L O R A C J T J R J R K F Y
N G T E S O R G A E R T Q B G M L
L O P E B R Y R N L I M L L M Y R
L Z R N Y D U J E C L B O I T N E
Y D R A C Z Z J T E Z R B T S S V
R O E I H J G M N L I C E E H A E
E R B D N S D I A A I B B I D X E
H O E J G A T X A R Q A N X H
C T C R P S L D K X G L G I Y C T
I H C D I E N U Q B E A B Q A K E
N Y A R C E K N A Y T O R T M Z B
D Q H I R A W X L P R E H E M M A
Y C N B T E I N N O C E R N T M Y
L A V H C C P D Z K R Q M E V L I
J K Y M F Y Q Z R I W I V Y S T L
X H M T T O F G N M N N T D Z A E
Z M B R G J B E F T R C K A T L L
```

73

```
S R E K C E H C K H X M F R K Z G
G G C Y K K Z N C M O P S Q T N V
F B N R B D I T K N C E H V I S G
W S C I P R O C O V L L S K E Y M
J M C R R C S P K B G H I C B E U
S N N R S O O E R T O B A N O P S
K D Y P A L L A M W H R D B X O I
O E O O Y P M O S A X E C R I R C
O H E Q Y P S K C O G C C S N P A
B S R S W O Y S B K O D P A G M L
C K C B D Y S P W Z R Y R C N U C
I C T R F N A G C A F K L A Q J H
M A O G A O A P L J P V T X C G A
O J Y Z S B N E H J A P W X Z L I
C S S E H C B G D N E B I D G L R
L L B L W P Y L N I L K R N P Q S
T E M A G G A T E K H G N C G J F
```

74

```
P B R T N Z X N C F S C S P T Z N S
K R J A H G M T I I L N N F K P T
C R F M N N B A M R L R T K A M T
W I O C N C W B A E Q E M R A J E
C K R E I R H L N P M T D B C N L
L O D K E L S W D A X A H L E I A
S T L L L M E A D C G P I I S V T
E T N O K T O R L E N N S D S I E
N Y L K R P P E R P E U O K O N E
I P K R C F C Y G N R O C P R G F
L I M L J I U D S E W G L G I R F
N N P B M R L Z D C A B D E O O
A E N A M Y Z B R Z I Y Q M S O C
E M R L N R D A J D H Y R Q K M L
L E B H R N H Q S S T E P R A C H
C T S A R T N O C I T E H T S E A
```

75

```
J M T E U Q I R T C E L E R Y B H
L I D R H E H C A T S U O M M Y O
A S G I A I G D O L L E B N P H B
R S A H O P W L W L T L W N L L L
P D L C R R E B N E W D O A A M N
E I D A A C A Z M M T T L C S J T
G O C B N R K M E R I A K P L K L
E R K A Q Q F C A Q V R Z A E T O
G E C T O N J K U E O T P Q E Z R
N D N H Y L T E L S L L R U H B I
O U W C A O O L E A T L I A H R G
S A F R S N I G W R T N M M G N A
D R N C F R T E I T C X I A I T N
N E A V D M U I K G J G T R H V G
I M R A W L P K L M G D I I W H L
W E U L B M N F N L K N F N K T W
T Q T F K Y K R N R Y T M E K H N
```

76

```
L V Z P N O T R O N Y R A M L Y C
M L N A L I W N L N Q J Y S R J S
D A D T C R I Y M M R O Q N F N E
C D R R M I L U S L L H T E B Y L
M I N I E S L K H K L N Y V S R W
D M V C B M I I G V E S E E A E O
M I E I E U A O U O R T T T M B N
Y R C A H R M M O M R E E S U H K
P N N H C D G I R I U I N E E S N
A A E I A O O S R S D N I C L A H
R B R G A C L H U A D B H A B N O
A O W H U H D I B C L E P L E H J
B K A S N J I M S A A C E L C O N
R O L M I T N A W A R K S A K J V
A V H I H N G K D S E L O W E H G
B P D T C H Q K T I G T J X T F L
N Y K H K Q R K T D M N D K T L V
```

77

```
S W H Q K T W S Z L X R R R D K W
T C H B L N L P I Y R F P R P G K
R Y J I C E T L Z D Y T A K N Q M
E K T S T L A T C D E G R I C O H
E T K S G E J T G G R B D Z T Q X
T M E A S Q T L H A N D U O X K Q
G K L L J W G S C E O I R R C W B
A L N C L M I I H R R C K S N L P
N I M G P A N T T I Y J R O U S C
G A S N O G W O C C R E A E M L K
S T B I M Z H N L H S T J C R S Y
W K U K A T X E I A B E P L K F L
V C L R D C S K E A A L M R D E J
J U C O E L L R G N H R A Z W P T
M D R W W W G T S D M C R D G M R
T X A G R W S L E B E R V J E Y M
X P C S R E D I S T U O H H C L R
```

78

```
E L L E H C I M Y T J A D R J Y T
L A I R O T C I V E E T I P B V M
V D G Y B T F T N C S Y S C C N V
N D J T T K E N I N A I Q I R H N
S A L L T R I L L H N Y L L R A F
E R X K R F A M S L E E E L J O M
C L Y I E T M R M A I S E K Y E D
N E D R B V A A L K L X T R N H C
A N P I N M N E M I U M V N U F P
R E K Y A I G T E R J G A K V A Z
F H A D T N Z D N Y Y Z K V A E M
J R K N A W A L E R U N K R L I K
W E D E I N B L L S K Z S L E R D
R D A W N T L R E L V P A O R U Y
D W N N X H U Z A Q H L N R L R I A
R F R N N X A D N O H R L I E L G
Y E L R E B M I K P L Y Y T N W Q
```

79

```
P M T J F N R G L L S W R G B K Y
H L A F K M V L Z R L O N P F P R
J O G G P Z A Y E V L I P I G D T
G T R K A B N V M L T Z U C T R E
V N M S E Z O B E A Q V E N D I O
S N I S E P I R D P S T K I Y V P
L E A L E R S N E W I G A C E E G
K B C E W K I T E Q N N M S R I N
M G L N A O S D U S G I A S O N I
W S N T A I B I I T I H L K T M D
K M I I T D Z M D N N C T E S O A
L N T T Y Z L K G V G T S T D V E
G H I B E T X O M C C A H C R I R
G N I S I U R C O V K W O H O E C
G K R Z H B V A N H F B P I C S F
G N I M M I W S P R C F S N E T F
L G N I L A N R U O J S Y G R M M
```

80

```
B C Q G L N W G Y E G D O L S P G
I L W M Q T W T G T H M K M C L R
T A K L A L I T V S U D P Q T L I
C S W N T C X U L B H M J T A Q N
H S K J T V K O R K W A M Y C T G
I Y A A N T F E M P Q I D F K I L
N C F G N V T K M Q S E G E K E E
E H Q C E T R A M H A C Q C S S S
L A R T U H H F I D K E X H H O P
L S B L N H T N W F H D I O K O V
I S F M G J E T X T T V R D T G P
V I Q W A R M Y U M E N T G N Y L
S S G M R L Y Z B C T K A N F U Z
T L A E D G I B L E N R N N H L B
N C P J V N L H L R A H R A G R C
A T I P N O I S S A P N L K L R L
N R E T T U B E L P P A N D G B R
```

81

```
L G K R A C C O M P L I C E R X H
W K N O I T C E F R E P K N I P Y
S F Y M O O N L I G H T M I S T O
T M G B A P P L E B L O S S O M U
E M F O C H A N E L N F I V E C T
L D N N N H G L H G N B M L K X H
O I A D F L E U R S A U V A G E D
I A S R O M I S S I R O I D L E
V H E T I L L E R A P A P I H S W
L C R R D I N T O X I C A T I O N
I O T E F Z H L L X X H N J J K W
R B N E R F A N T A S T I Q U E Y
P A A T B B K T R H D P V Y R X R
A C H N W L E D A N D Y N J M C G
B R C C Z X T N N R T T L W B M K
V D N F F S A E P T E E W S R G V
H K E E V E N I N G I N P A R I S
```

82

```
K R N R V L L S K R A P E M E H T
H J A S S S R A L M W O F T W A C
G B T I T H C J N R M S K N T M G
N E I G A L S E J D R T W T E C R
I A O H T M L N N P M C R M H W H
D C N T E F E B R I C A O T K M G
N H A S F Y T X L C R R N Z N R
O V L E A R O M A T Y D T K I Y K
B A P E I T M R I M Q S R P S H J
Y C A I R H G O A L Q M M I G W R
L A R N S A N K X V N A X N V Y F
I T K G M S I W L L C P N V N E K
M I S E G N I L E V A R T K T Z S
A O S Z G Z H V M W R M R D G F C
F N S R E N I D E D I S D A O R C
K S S N I B A C E D I S E K A L D
C B S L I A R T G N I K I H G R B
```

83

```
N T H S A L L E B I D F H S T Z J
N I K W F N Y F Z B E L K L Q E W
E K E N E K C S Q H H C M R A Z N
K R T V M T A P C T I V E K L E J
C I P J I N S R K N B F T V I E W
I S L U D R E O I F C D I D F R F
H B L Y P G D M N R F T R U K F A
C Y S Z R N O S P S K D D C C S T
S K C U Z D T T E B K C I H I R B
H R B Y X R R A L E C N A E H E U
C E T G L M K Q C M D W M S C T R
R M T R B M L T Q O Y M T S B S G
U E E S U O H E L L F F A W D K O E
H N C C K M P C R T G T P B P F R
C Q W R D R E G R U B A T A H W L
N N E E U Q Y R I A D T F H V G W
L P D N J C J B G C K L M G C X Y
```

84

```
S L L R C H T R Y R Z N C R S S G
M S G O D E I T T O C S A S E R S
N C R P N X B X X T L R N L L E H
M S P O X G I T F V L D D L T F E
T R M F I T B R G H P R Y A T A R
U O Y U S R U O O B E M N B O W B
N V O Y D I E N Y H Z R E E B E E
A M X T T M E E C S X D C R X T T
E I F G S E U N F H T T K I A I F
P F U Q S I A D Y F N K L F W L O
Z M P R L R E T K W O W A C M L U
S M L B Y T Y R F C L C C I C E N
Z T Z L D L O G O P U C E M L T T
Z K L J M N D B D L L G N O C A A
Y O Y F F A T K C A L B Q T Y S I
J K V Y Y Z Y M L L T S W A P W N
S T N I M L E T S A P X X L N W M
```

85

```
U W T N A G I B U O H P W D J B J
O L H Y P Y L K M G T Y U R C C M
T N V C N E I W D M I B D N I O J
A R T L K L E T M J A V F R F R Z
P B I B P D T N M R K Y E J P D M
N O L N X R N W R V G H Z N Q A R
A U F K K A O Y G L T T S Q C Y L
E R O R L Y M U E N I Y E R Z H K
J J R L J T E V E L A N M L D Q Y
R O D P O R A L L S C N R J I W G
B I S H L R Y E R N M G E K O L D
C S M A G F I O L I B X H M R J L
P A I B H R D C L E T F B X D B K
G N R H U C Y L G N V L L F N R K
K W N O Z M O T L J W Y A N A D Z
G G G Q N T T R O M N L A R M P N
K T N I V N A L K C L R N N X Y Z
```

86

```
F N P E M A R F E T I H W Y D T S
A A P Y G H M H K M N Y B P O L O
E D R C F F M L S W N E Z L H D U
E E M H V Q K A V L M S R S K V
D M P R E K L L G N K P O E R P E
C A M I N M K F T N A T R R O N N
O C Z X R H I C Q N I U B L I K I
L T Y P T T H C S K T K A M K E R
O N F T Q V S M A C B R A N N R S
R A K M T F U W I L O R T H Z U E
S T Y N W B S P O I S J N W S T X
R S Q Z L E E M D B C M L X T A P
X N P A L R T W T N N A E R L N O
C I V F A Z C B C P T I N L B G S
L Q I U H L T R K H N M A D L I U
R E Q Q M N G D G B C Y M R I S R
S S L Q D T H G I L N U S X Y D E
```

87

```
R C V G P H C G M Z T G Z G K V N
C L H K T P K M H X H C L W L W E
H R N E M G Q M M N H W N L V C S
E D H W E R Z N I E H C Z Q J D T
F Y Z N E R H W E O M R L N A E L
B S M A T V I Z K C Z H K L K D E
O T L O N W W O L S Y Q O N E J C
Y N P G Y H J N S I L C U L Z L I
A U P I I P R B M R A J A F S J R
R H Z Z W J H L I C N V N E M N M
D T C K K I K R O S A E I T N P S
E M O C N N D C B L T K S J N J H
E Q L D T Z J D T C S O F T D R C
K M G K S I W E E I B L K R E T N
W M A G X V M M R R W J O D Y A E
R N T Z D O K F S Y L E K O T S R
F C E F C Q H B N X G W K K K D F
```

88

```
R Y L G G I W Y L G G I P P L D S
H N C H G N K P L F F B L F Z L P
T T R E N R O C L A U S A C T S R
W N M T B S F M N R E M I T I N O
R I F L O D I M T A S X N L V O U
R G N I H N R O R S D L O B E S S
F L Z N Y E Y S Y H O K L O L B E
S A M A D S C D Y T O T O N P O R
F P R R I N H H J F K C T L C E
N D M U W U X T T S R L N O M A I
R P S A O B R I K S E K D N V J T
S L M R H O M V E L H R N N O Q Z
M W J A W C Y P E K S N F V N Y J
H J A L C G L W T R I Q D M S T R
L L O H Z Y E E T D F Z C C R X H
R O C R S J S Q D L W O D E R A Z
W D R T N A I G D O O F H M L R F
```

89

```
H B K F S T E R C E S E U R T X J
Y T W C C N O I T C A E C I L O P
L M S V U R D I K S A X E T W P E
A V U K B D I W T T Z K R V Z S D
C H P N L L K M N H Q L Z L U V Y
I Z E R I E A C E H F R M O L O P
R D R O T V V C U E Q L M K B M A
E I B I T I D R K B X N N L K X S
M K O R L T N N B K I P E P Q M T
A E Y R E C P K U V N V O M J G O
N H N A L E R Z R O R I I S U R N
I C Q W I T K A T A B S G N E M I
A A M D Z E M P M W S L H H F D S
T P J E Z D N Y L F N A L H T G H
P A N R I M L L U W W P T E W L I
A P G W E V P R C K N G Z Y R F W
C K F T F V Y N Q M T M J F R S G
```

90

```
T H L E G N E T S Y E S A C P N W
A G N D L E I F T I H W L A M A P
R S Y H R L D A E N S M A S R N P
C L W Q T W E Q F N T D F R K O H
H J G E R E V S R M U Y E B N X P
I C O P H Y D E S K T N P A R N L
E Q F H L T T W E U S G I H M A O
M K T Q N R A S I P R C H N N K D
O B T I A N N M A L R L L X T I U
O O Y C T I Y H E A L E L M K M R
R B N M D T N U M I O I M I H E A
E O D E Z P E Y N N D W A X B G M
D O R N K N K P H I M D M M D R L
J L N K N C H A B X T N E W S O I
B S M N O D R P V O D A T B D E W
T O B R F T N W B D B K S V F G W
F N F R K Y R O L Y A T K C U H C
```

Made in the USA
Las Vegas, NV
16 December 2024

14379572R00063